あなたにもできる
不動産投資のススメ

最短5年で家賃年収1000万円になる方法

たまっち
若林杏樹
イラスト&漫画

清談社
Publico

この男性
どうして……！
大人になったら
平日の朝なのに
優雅に朝食を――
仕事で毎朝 憂鬱なのが
なんで――
何が僕と
違うんだ？
普通なんだろ

お前 何回ミスるん？
あ… すみません
僕が働いているとき
中野さんみたいに なっちゃダメよー
ハハハ 冗談やめて くださいよー
あの人は何をしている？
どうやって稼いでんだよ…！

僕の名前は
中野平太郎
独身 今年で35歳
みずがめ座
現在 ただの
会社員——
幼いころは
大人に
なったら
好きなこと
なんでも
できると
思っていたのに
いまの僕の唯一の
楽しみは
朝 駅に向かう途中の
アズマベーカリーで
朝食を買うこと
AZUMA BAKERY
そして
こむぎちゃんと
話すこと
はい パンと
セットのコーヒーです
行ってらっしゃいませ
ズキュン
かわいーーーーッ
いかん
いかん!!
あっ
すみません

今日はイートインで!!
ぐっ
わっ そうなんですね ゴメンなさい
いつもテイクアウトだから うっかり はい コチラどうぞ
ありがとうこむぎちゃん! いただきますっ
アズマベーカリー
むっふっふー
今日は30分早起きしたワケはこむぎちゃんの顔を見ることと
この男性だ
毎朝ここで朝食を食べている人
ペラ…
ごくごく
プハーー
いったい何をしている人なんだ?
あっ
今日はテイクアウトじゃないんですね
ヒッ
ヌッ
え――
なになになに話しかけてきた――!

ペラペラ
ごめんなさい
話しかけて…
いつも走って
テイクアウト
してるから…
ハイ！今日は偶然に早く目が覚めちゃって何もすることがなくてイートインにしちゃいましてアハハ
よかったら
座ります？
ハイ…
何 この人にも
ドキドキしてんだー…
いやー 早起きって
いいですね－
今日は天気が
いいですねー
そうです
ねー
そうです
ねー
あのあの…あのっ
なんであなたは
いつも朝 優雅に
過ごせるんですか？

働いてないんですか？
実家が貴族とか？
あっ失礼な質問ばかりですみません…
フフフ
あなたがそう思うのはごもっともです
働き盛りの年代の男性が忙しい朝こんなふうに過ごしているのは珍しいですよね…
ええ 僕は朝から時間に追われて心の余裕もない…
あなたみたいに過ごせたらいいなって思ってたんです
そうだったんですね…
そうなんです 僕の生活はいつもカツカツで
残業もできないし昇進もないから給料が上がらない…
中野さんみたいにならないでねー
ハハハ冗談キツいっスよー
最近は物価も上がり…本当にいいことないです
しゅん…
僕もかつてサラリーマンでしたけど
このまま働いてていいのかなと考えて12年前に副業を始めて8年前に独立していまの生活を送っていますよ

ハハ…脱サラか…
いいなあ…
僕なんて…
僕なんて…
なーんにもない
大人になっちゃったな
いいなー…
この人は
僕はいままでの
生活を
変えたかった
だけなんです
生活を
変える——？
この生活を
変えられる
の？
僕も
変わりたい

僕も変わりたいんです あなたの話 聞かせてくださいっ!!
その副業とか… 仕事のこととか…
こんないきなり教えてくれないだろうけど…っ
いー ですよー!
ズデーン
えっ いいの…
ありがとうございます! 僕は中野平太郎っていいます
中野さん 次の月曜日 今日と同じ時間に来てください お話ししましょう!
僕のことは「たまっち」と呼んでください
毎朝変わらない アズマベーカリーで… いま まさに
何かが始まりそうな 予感がしていた

はじめに

たった4年で「理想の生活」を実現した、僕の方法

「普通に暮らしているだけなのに、なんだかお金が貯《た》まらない……」

「給料が上がらなくなってきた。ボーナスの額も減っている……」

「先輩社員を見ていると、みんな定年後も働くのが当たり前って言っている。できれば定年退職したいけど、それも難しいのかな……」

あなたはこんなふうに思ったことはありませんか？

これらは最近、30代のサラリーマンの方からよく聞く声です。

いまの30～40代のサラリーマンが置かれている環境は、はっきり言ってあなたの想像以上に厳しいです。親世代が当たり前としていた終身雇用の考え方はとうに崩れ、リストラは日常茶飯事。定年まで会社にい続けるほうが難しい。

激務、ストレス、プレッシャーによるメンタル不調、体調不良で働けなくなり、休職や退職に至った同僚を見送った経験も一度や二度ではないでしょう。

給料減少におびえつつ、会社に向かう日々。会社に行かなくてもいい休日は、ほっと一息つける貴重な日。そして日曜夕方のテレビ番組を見ていると、憂鬱な気持ちになってくる……。

あなたはそんな日々から解放されたい、と思いませんか？　解放されないまでも、せめて残業の時間を減らせたら。いやいや、そんなことをしたら残業代がもらえなくなって、給料が下がってしまう……。

ちょっと想像してみてください。

もし、その残業をせずに、残業したのと同じだけ、毎月収入が入ってきたら？

しかも、自ら働くことなく。

そうなったら、うれしいですよね。

自己紹介が遅れました。僕は、不動産投資家（事業家）で、音声メディア「Voicy」パーソナリティーのたまっちと申します。サラリーマン生活約14年を経て脱サラし、いまではお金と時間の自由を得て暮らしています。

僕のある一日はこうです。

朝は好きな時間に起き、午前中は自分のペースで仕事をしたり、カフェでゆっくり過ごしたりしています。お昼どきは、家や近所の飲食店で時間を気にせずゆっくりランチ。午後は幼稚園や小学校から帰ってきた子どもと遊んだり、ジムに通ったりしています。夜は自宅で、「Voicy」の生放送をしたり、執筆活動などをしたりして、そのあと、子どもと一緒に床につきます。

いまではこんな生活をしている僕ですが、サラリーマン時代は苦悩ばかり。

実は、組織のなかで働くのが苦手で、上司から「あれやれ、これやれ」と言われるのが、とてもストレスでした。「この仕事はやりたいけど、あれは嫌だ」と言い返せたらどんなにいいか……と思ったことは数知れません。自分がミスをしたら一緒に働く人に迷惑をかける。そのことにプレッシャーを感じていました。

好きな言葉は「自由」。業務命令・規律といった言葉は大嫌いでした。サラリーマンとしては落第生ですね（笑）。

恥ずかしい話ですが、そのくせ人によく見られたいし、嫌われたくない思いは人一倍。そんな自分の性格に自己嫌悪に陥ることも多くありました。20代後半で結婚したものの、ありのままの自分をパートナーに見せることができずに離婚。サラリーマンとしてだけでなく、家庭人としても失格の烙印《らくいん》を押されたようで、人生のどん底とはまさにいまか、と思ったのが31歳のころでした。

そんな僕が離婚直前のころ、ある副業に出合いました。勤め先の会社の将来が厳しくなりつつあるなか、別の収入源を得ようと、わらをもつかむ思いでその副業の勉強をしたことをいまでは懐かしく思い出します。同僚や友達が遊んだり休んだりしている時間を使って、僕はその副業に人生を懸けました。

それに取り組むと決めて、やり抜いたことで、4年後に先ほどお伝えしたような「こんな生活がしたかった！」という理想の生活を実現できたのです。

その副業とは、「不動産投資（不動産賃貸業）」です。

30歳まで、お金の知識はほぼゼロ。投資なんて会社の持ち株会くらいでした。12年前で、サラリーマンが比較的不動産投資を始めやすかった時代背景もあり、４年で家賃年収約２６００万円、年間キャッシュフロー（税引き前）約１０００万円まで増やしました。不動産投資で自信をつけた僕は、自分の生き方や考え方を見つめ直し、ありのままで人と向かい合うことの大切さを改めて確認。その後、再婚や脱サラを実現しました。

脱サラから8年経《た》ったいまでは、僕の家賃収入は年間約４６００万円。年間のキャッシュフロー（税引き前）は、約２０００万円です。不動産投資の書籍『不動産投資でハッピーリタイアした元サラリーマンたちのリアルな話』（青月社《せいげつしゃ》、別名義で共著）を出版したり、勉強会の講師として活動したり、「Ｖｏｉｃｙ」のパーソナリティーとして活動したりしています。

この本では、そんな僕、たまっちが「サラリーマンがゼロから不動産投資を始めて、最短5年で家賃年収1000万円を得る方法」を解説します。年収1000万円と言っても、そこから金融機関への返済や経費などが引かれますから、実際に手元に残るのは月20万円程度でしょうか。それでも、あなたが残業を減らした分の補填になる額かと思います。

ここまで読んで、以下のような疑問が湧いた方もいるかもしれません。

「不動産投資って、お金持ちがやるものじゃないの？」

「会社に営業の電話がかかってきて、よくわからなくて断ったけど、大丈夫？」

「不動産投資って借金するんでしょ？　なんだか怖いです」

このような疑問をお持ちの方は、ぜひ読み進めてください。

＊　＊　＊

そうそう、世の中にはたくさんの不動産投資の書籍がありますよね。どの本を読めばいいか迷いながら、この「はじめに」をお読みのあなたのために、この本をどんな点にこだわって制作したのか、説明しましょう。

●知識ゼロの35歳サラリーマンが、不動産投資を学び、実際に不動産を購入していく流れを紙上で体験できるので、イメージをつかみやすい

●多くの不動産投資初心者の相談に乗ってきた著者（たまっち）が、失敗しにくく、時代が変わっても再現しやすい不動産投資の始め方を伝授

●「難しいことを面白く」伝えるプロである人気漫画家の若林杏樹《わかばやしあんじゅ》さん（あんじゅ先生）が漫画を担当。だから、情報量が多くても内容が頭に入りやすい

● 不動産投資で脱サラした投資家と著者（たまっち）の対談を2本掲載。実録ストーリーを対談形式で読めるから、不動産投資のリアルがわかる

● 不動産投資のことをもっと知りたい人に向けて、巻末に特典を用意。本編で伝えきれなかった内容も深く学ぶことができる（＊特典は予告なく配布を終了する場合があります）

ここまで読んで、不動産投資のことはよくわからないけど、なんとなく興味を持った、読み進めてみたい、と思った方、ぜひページをめくってください。

35歳サラリーマンの主人公、中野平太郎《なかのへいたろう》くんと一緒に、不動産投資の扉を開けてみましょう。

たまっち

最短5年で家賃年収1000万円になる方法

CONTENTS

STEP 0

準備編 不動産投資の基礎知識

STEP 1

1棟目 オーナーチェンジ戸建物件を買って家賃を得よう

最短5年で家賃年収1000万円になる方法
CONTENTS

STEP 2

2棟目 小ぶりなアパートを狙おう

CONTENTS

STEP 3
飛躍の一棟
2000万円台のアパートを購入しよう

番外編
秀人の不動産ストーリー

登場人物紹介

こちらが本書に登場する主なキャラクター。
彼らが取り組む不動産投資ケーススタディーで、不動産投資のノウハウが
簡単に身につきます。

たまっち

2012年に不動産投資を始め、4年でFIREを達成した不動産事業家。不動産約100戸を所有し、年間家賃収入は4600万円。モーニングルーティンとして、自宅近くのパン屋「アズマベーカリー」で朝食と読書を楽しむ常連客。

中《なか》野《の》平《へい》太《た》郎《ろう》

35歳、独身。都内中堅企業で働く会社員。平々凡々と生きてきたが、現状を変えたいという思いを胸に秘めている。趣味は、ソロキャンプ、ゲーム、アニメ鑑賞。ご当地ラーメン巡りやB級グルメ食べ歩きも好む。彼女募集中。

東《あずま》こむぎ

「アズマベーカリー」の店主の娘さん。製菓の専門学校を卒業後、フランスで修業。最近、帰国して両親の店で働いている。彼女が開発したタルトやデニッシュなどのスイーツメニューは、常連客の間でも人気商品になっている。

プロローグ　とあるベーカリーカフェでの出会い

「サードプレイス」とは、自宅や職場とは別の、第三の居心地がいい居場所を指す言葉だ。ストレス過多の現代社会において、アメリカの社会学者レイ・オルデンバーグが、日常を離れた憩いの場を持つ重要性を説いて生まれた概念だという。

僕、中野平太郎（35歳・独身・みずがめ座）にとってのサードプレイスは、自宅から駅へ向かう途中にあるこの「アズマベーカリー」のカフェだ。カフェと言っても個人経営のパン屋さんのちょっとしたイートインスペースで、朝の時間帯はパンを買うとカップを渡されて、コーヒー1杯がサービスになる。コンビニでパンとコーヒーを買うよりコスパがいいし、味も断然美味《おい》しい。

店主と奥さんのふたりで切り盛りしていたこの店を、最近フランスでパティシエ修業をしていたという娘さんもたまに手伝うようになった。そのおかげで店の棚にはデニッシュや、おしゃれなタルトも並ぶようになり、甘党の僕の楽しみが増えた。

今日は焼きたてのブリオッシュをチョイス。トレイに乗せ、レジの列へと並ぶ。本当は店内でゆっくり朝食をとりたいけど、朝はいつも時間に余裕がない。テイクアウトして駅への道すがらパンをかじりコーヒーで流し込むのが常だ。会計を待つ間、僕はふと奥のイートインスペースに目をやる。そこには、平日の忙しい朝の風景としてはいささか場違いにも見える、優雅なオーラをまとったメガネの男性が文庫本を片手にコーヒーを啜《すす》っている。

（あの人……いつもイートインでゆっくりしているんだよなあ。時間を気にする様子もないし、普段、何をしている人なんだろう……）

そんな彼の姿といまの自分を対比すると、ふと口から言葉が漏れてしまう。

「僕は、あくせく働いて時間貧乏だ。それなのに生活に余裕があるわけでもない。本当にいまのままでいいいんだろうか」

そんな思いを抱えながら、慌ただしく駅へと向かう日々を過ごしていた。そして毎朝あのメガネの男性を見かけるたびに、僕のなかで彼に対する疑問が大きくなった。

（なぜ、彼は朝からあんなに優雅に過ごせるのだろう。とんでもないお金持ちなのか？　でも見た目は普通のお兄さんって感じだし……）

ある朝、僕は決意を胸に、いつもより30分早く起きてアズマベーカリーに向かった。あのメガネの男性に話しかけてみようと。

「イートインでお願いします」

いつもの席には彼が座っている。緊張しながら、彼のほうへ向かう。すると……。

男性「今日はテイクアウトじゃないんですね？」

彼の席まであと数歩、というところで、なんと彼のほうから話しかけてきた。

平太郎「……はい」

驚いて言葉に詰まってしまった。

男性「いきなり話しかけてすみません。いつもテイクアウトなのに今日はイートイン、と言っていたので、おやっ？　と思ったものですから」

紳士的な笑みを浮かべながら、こちらに目をやって話してくる男性。どうやら、毎朝ベーカリーに来る僕のことを認識してくれていたようだ。

男性「よかったら、座りますか？」

文庫本を閉じつつ、向かいのイスを指さす彼の言うままに、僕は腰を下ろした。

僕は、今朝早く起きてイートインにした理由、彼に対して思っていた疑問を、言葉を選びながら口にした。

男性「あなたが思うことはもっともです。働き盛りの年代の男性が忙しい朝の時間にこんなふうに過ごしているのは珍しいですよね」

平太郎「ええ。僕は朝から仕事に追われていて、心の余裕もないし、あなたみたいに朝からゆっくり過ごせたらいいなあ、って思って見ていたんです」
男性「そうだったんですね」
平太郎「ここ数年、給料も上がらないし、先輩や上司を見ていても大変そうで、自分の将来が見えてこないんです。正直、このまま会社で働いてるだけで大丈夫なのかなって不安に思うようになって。そんなときにあなたを見て、なんでそんな余裕たっぷりで過ごせるんだろう、って疑問が湧いたんです」
男性「たしかにあなたが言う通り、なんとなくサラリーマンとして働いているだけでは、収入はなかなか伸びない時代になってきました。しかも、いまの仕事をずっと続けられる保証もない」
平太郎「そうなんです。うちの部署は、社員が辞めても欠員補充がないし、経費も認められにくくなりました。最近は働き方改革で残業がなくなったので手取り額も減ったのに、物価はどんどん高くなるから、生活はカツカツ。本当にいいことがないです……」

少し下を向きながら話す僕の横を、このお店の娘さんが焼きたてのパンを運びながら通り過ぎた。笑顔が印象的だ。きっと〝好き〟を仕事にしているからだろう。

男性「……その手の話、よく聞きます」

男性の声でふと我に返る。

男性「年金の支給開始年齢が後ろ倒しになっていくことを踏まえると、定年を過ぎても働き続けないと不安、という人は多いですよね。僕も、もともとはサラリーマンだったけど、あなたのように『普通に働いているだけでは将来が危ないのでは』と疑問を感じて、12年前に副業を始めたんです。8年前に会社を辞めて独立して、いまではこんなふうに生活しています」

平太郎「あなたもサラリーマンだったんですか！　脱サラかあ……うらやましいですけど、僕には夢のまた夢って感じですね。僕はこうしてスーツを着て出かけて、満員電車に揺られて出勤する毎日です。それなりに残業もあるので、つい夜更かしして毎朝ギリギリになっちゃうんです」

男性「僕もかつては、なんにも考えずにがむしゃらに働いて、夜遅くに帰宅して、また朝から仕事……なんてやってるときもありましたよ」

平太郎「それなのに、なんでそんなふうに独立までできて、朝からゆっくりカフェしながら読書できるようになったんですか？」

男性は穏やかな表情で窓に目をやり、駅へと急ぐサラリーマンたちの様子を見ながら言った。

男性「いまの生活を変えたくて、一歩踏み出した。そして決めてやり抜いたから、でしょうね」

一歩踏み出して、決めて、やり抜く、か……。

このまま何も変わらない毎日を過ごせば、先輩や上司と同じように苦労しながらサラリーマンをやっていくしかない。不満を垂れながらも、半ばそれを受け入れるつもりで、僕はなんとなくここまで生きてきた。そんなサラリーマン生活も気づけば10年あまり経っていた。

……この状況を変える方法が、あるんだろうか。

平太郎「どうやって人生を変えたのか、教えてもらえませんか？」

真剣な表情の僕から目をそらさずに、彼は穏やかな表情のままで、こちらを見ている。

平太郎「僕も変わりたいんです！　あなたの話を、聞かせてください」

少しの間、ふたりの間には静かな空気が流れた。数秒経って、彼はこう答えた。

男性「……わかりました。そこまで言うなら、次の月曜の朝、今日と同じ時間に来てください。お話ししましょう」

平太郎「ありがとうございます！　あっ、僕は中野平太郎っていいます」

男性「僕のことは……『たまっち』と呼んでください」

僕はたまっちさんに挨拶してベーカリーを出て、会社に向かった。何かが始まりそうな予感がしていた。

STEP 0

準備編

不動産投資の基礎知識

01

「自分は将来どうなりたい？」明るい未来を描いてみる

——次の月曜の朝。アズマベーカリーでデニッシュとコーヒーを頼む平太郎。平太郎の向かい側には、たまっちが座っている。

平太郎「おはようございます、たまっちさん」

たまっち「おはよう。平太郎くんって呼んでいいかな。いい朝だね」

——焼きたてのデニッシュを頬張りながら、平太郎は、現在の自分の境遇や将来への不安を、徒然《つれづれ》なるままに口にする。

たまっち「なるほどね。おそらく平太郎くんは、毎日忙しく仕事をこなしながら、将来に漠然とした不安を感じているんだね。まるで、かつての僕みたいだ」

平太郎「たまっちさんもサラリーマンだったんですもんね」

たまっち「ああ、そうだ。僕はそんな人に『**一度立ち止まって理想の生活を思い描いてみませんか?**』って提案することが多い」

平太郎「理想の生活……？　急にそんなこと言われても、何も思い浮かばないですよ」

たまっち「内容はどんなものでもいいよ。たとえば『海の近くに住んで、午後はカフェでお茶しながらのんびり海を眺めたい』なんてのでもいいし、もっと俗っぽくて『いいクルマが欲しい』『女の子にモテたい』『毎日美味しいものを食べたい』だっていいんだよ」

平太郎「それくらいでいいなら。まず、都心の1LDKに住んで、早起きと通勤ラッシュから解放されたいです。憧れのドラム式洗濯機も欲しいし、冷凍庫に僕の大好物のハーゲンダッツがストックされてたら、もう最高ですね。あと、趣味のキャンプも3か月に1、2回くらいしか行けてないから、月に何回もキャンプに行けるような時間が欲しいです」

たまっち「いいね。会社員だと、好きなことをやる時間が十分に取れないのが現実だ。ほかにもあるかな?　ずっと夢見ていたこととか、やりたいけど無理だと諦めていたこととか、ないかな?」

平太郎「そりゃあ、こんな僕にも、いろいろ夢くらいはありますよ。キャンピングカーでアメリカ大陸を横断したり、サハラ砂漠のど真ん中でキャンプしたり、北極圏でオーロラを見ながら淹《い》れたてのコーヒーを飲んでみたい、とか。あとは……こんな僕と一緒にいてくれるステキな女の子が隣にいればベストなんだけど」

——思わず熱を込めて夢を語る平太郎。その横では、お店の娘さんがパンを商品棚に陳列している。焼きあがったパンを一つひとつ丁寧に並べる真剣な横顔が目に入った。

平太郎「はっ!　いい年して夢みたいな話をしてしまって、なんだか気恥ずかしくなりました。でも、こんな妄想みたいなことが、なんの役に立つんですか?」

たまっち「ここで**大事なのは、『いまの自分の状況と、理想の生活の差』を把握することだ**。理想の生活を送るのに具体的にいくらお金が必要なのか、いまの収入との差額はいくらなのか。それが判明すれば、あとはその差を埋めていけば、理想の生活は現実味を帯びてくる」

平太郎「理屈はそうだろうけど……」

たまっち「たとえば現在、手取り年収400万円の人が描いた理想のライフスタイルが、月に80万円必要と判明したら、80×12で約1000万円あれば叶《かな》うことになる」

平太郎「そりゃ1000万円もあれば、めちゃくちゃ余裕のある生活ができますよ！」

たまっち「そうなるには、いまの収入400万円にプラスして600万円の収入源を確保する必要があるわけだ。**仮に本業〝以外〟で1000万円稼げるなら、明日会社を辞めたとしても理想の生活は維持できる**ことになるよね」

平太郎（本当にそんなことができるんだろうか？　なんか胡散臭《うさんくさ》い気もするけど、もう少し話を聞いてみるとするか……）

たまっちまとめ01

●どんなに恥ずかしい内容でもいいので、自分が理想とする生活を具体的に紙に書き出してみよう

●理想の生活にかかるお金と、現在の収入の差額を大まかでもいいので明らかにして、いくら収入を増やす必要があるか認識しよう

これから進む道は、決して平坦《へいたん》ではありません。迷ったり挫折したりしないように、最初に理想のゴール像をしっかり設定しておくことが大事です。

02 夢を叶えるための「不動産投資」という選択肢

――たまっちのすすめで、多少妄想めいた「理想の生活」を書き出してみた平太郎。どれくらいのお金が必要なのか計算したところ、現実とのギャップをまざまざと見せつけられ、打ちひしがれることになる。

平太郎「**僕の理想の暮らしを実現するには、年収1000万円は必要です。**新しいキャンプギアやキャンピングカーも欲しいし、海外でキャンプするにはかなりのお金がかかる。仮に昇進して部長になれたとしても、年収1000万円にはとても届かない上に、業務量や責任も増えて、キャンプをする時間は確実になくなります。**いまの会社で働き続けても、僕の夢は一生叶わないことがわかりました。**現実は厳しすぎます……」

たまっち「僕もかつては会社員だったから、その気持ちはとてもよくわかる。だからこそ社内でのキャリアアップではなく、社外に目を向ける、つまり、副業に取り組むべきだと思うんだ」

平太郎「副業ってなんか大変そうだったり、怪しげな商材が多かったりしないですか？　なんだか、話の雲行きが怪しいような気がしてきたんですけど……」

たまっち「大丈夫、僕がすすめる方法は違法でもないし、ギャンブルでもない。将来やいまの生活不安の解消、さらには先ほど描いた理想の暮らしの実現も十分狙えるんだけど……興味あるかな？」

平太郎「そんなこと、可能なんですか？」

たまっち「ああ、可能だ。ただ、知識を得ていくことや継続的な行動も欠かせないけれど」

平太郎「わかりました。それで、どんな副業をやったんですか？」

たまっち「それは……**『不動産投資』**だ」

平太郎「『不動産投資』……ですか？　うーん、でも、僕はただのサラリーマンですよ。自分にできるようなものなんだろうか……」

たまっちまとめ02

- 昇給のみで理想の生活を実現するには膨大な年月が必要となる
- いまの時代、昇進や終身雇用もあてにできない
- たまっちは会社員時代、「昇進をめざすより、社外（＝副業）で頑張るべき」と結論づけて「不動産投資」に乗り出した

インフレ率に賃金の上昇が追いつかず、実質賃金はマイナスの状態が続いています。その上、健康保険や年金を含む社会保険料の負担も上昇傾向に。会社員として頑張っても、なかなか報われない世の中へと変わってきているのが現実です。

03

不動産投資ってお金持ちがやるものでしょ？

――たまっちは、会社員時代に収益物件を購入したことで、会社を辞めてゆっくり過ごせる暮らしを実現したらしい。いわゆるＦＩＲＥ（経済的独立状態での早期リタイア）達成者ということだ。とはいえ庶民代表の平太郎にピンとくる話ではない。

平太郎「不動産を持てば家賃収入が得られる理屈はわかります。でも、そういうのって、昔からの地主さんとか、莫大《ばくだい》な資産があるお金持ちがやるものなんじゃないですか？」

たまっち「実は**地主や資産家でなくても、収益物件を持っている普通の会社員は意外といる**んだ。僕の周辺では、そんなサラリーマン大家さんたちが交流し、情報交換をしているよ」

平太郎「へえ、僕が知らないだけで、大家さんをやっているサラリーマンもいるんですね」

たまっち「それに、すでに入居者がいて安定した家賃収入が見込めるような好条件の収益物件でも、安いものなら300万円程度で買えるんだ」

平太郎「300万円ですか⁉　思っていたより安い。クルマくらいの値段ですね」

たまっち「そういう収益物件も、なかにはあるんだよ。そして、**不動産投資がサラリーマンに向いている理由は、会社員としての『信用』があるから**なんだ」

平太郎「会社員としての『信用』ですか……？」

たまっち「平太郎くんは、会社員としての勤続歴があるだろう。会社員には、毎月の安定収入があるという『信用』を高く評価されるから、金融機関からお金を借りやすいんだよ」

平太郎「そうなんですか。漠然と会社勤めをしてきただけなので、会社員であることが不動産投資で役に立つとは思わなかったです」

たまっち「会社員としての『信用』を活用しないのはもったいない。僕は会社員時代にその『信用』で融資を受け、収益物件を買って収入を増やしていくことができたんだ」

平太郎「不動産投資によって、いまのＦＩＲＥ生活を手に入れたわけですね！」

たまっち「そうなんだ。ここまでは、平太郎くんにも馴染《なじ》みがあるであろう『不動産投資』

という言葉をあえて使ったけど、今後は『不動産投資』ではなく『不動産賃貸業』と呼んでもらいたい。このあと説明していくように、僕がやっていることは、投資というより事業という側面が強いからだ。難しい説明もあるけど、このあともきちんとついてきてほしい」

たまっちまとめ03

- 不動産投資で家賃収入を得ている普通の会社員も多くいる
- 300万円程度の予算で買える収益物件もある
- サラリーマンには「信用」があるので銀行からお金を借りやすい

信用に関わる「属性」の評価にはその人の勤務先、勤続年数、年収、会社の規模、金融資産や持ち家の有無などが考慮されます。高属性(＊)だと有利なのは確かですが、そうでなくても不動産投資を始めることは可能です。

(＊)高属性：不動産投資で、金融機関が好んで融資をする属性のこと。収入が安定している職業に就いていて、かつ勤続年数が長い人、高収入の人や保有資産が多い人が該当する

04 1億円借りても大丈夫!? "借金"の本質

――「300万円で不動産が買える」。その言葉に一瞬、勇気づけられた平太郎だが、たまっちの口から出た「融資」の言葉を聞き、表情が曇る。

平太郎「ちょっと待ってください。300万円の物件ならまだしも、リタイアをめざすには結局、銀行からお金を借りて不動産を買っていくわけでしょ? 正直、借金って怖いなあ。闇金業者が出てくる漫画で読んだせいか、『破産』『取り立て』のイメージがあって、あまり足を踏み入れたくない世界です……」

たまっち「そうかもしれないね。でも、ここは反射的に拒絶したりしないで、まずは冷静になって少し**借金という言葉の解像度を上げて考えてほしいんだ**。たとえば、1億円を借りて全額を飲み代で使ってしまったとしたら？」

平太郎「それは最低ですね。そんなことしたら、返済に苦しんで大変なことになります……」

たまっち「その通り。これはダメな借金の典型だ。ちなみに平太郎くんだったら、この借金、どうやって返す？」

平太郎「毎月の給料から……いや、それだけじゃ全然足りないから、フードデリバリーのバイトとかして返済することになるのかな……」

たまっち「まあ、そうなるよね。返すあてがないのに借りた借金。これは返済原資や収入が伴ってないのにお金を借りた状態だ。平太郎くんがよくないイメージを持つのは当たり前。でも、1億円借りてアパートを買った場合はどうだろうか。この場合、アパートの入居者から毎月家賃が入るので、そこから借金を返済することができる。別に平太郎くんが必死に働いて返すわけじゃない」

平太郎「たしかに、そういう借金だったら僕が必死に働いて返済する必要はないですね。飲み代で全部使ってしまえば単なる『浪費』で終わり。同じ1億円の借金でも、意味合いが全然違うんだなあ」

たまっち「そうだね。ちなみに、平太郎くんは企業の決算状況を示す書類である『バランスシート（貸借対照表）』の考え方はわかるかな？」

平太郎「大学の授業で少し勉強したので、聞いたことはあります。会社の財政状態を『資産の部』と『負債の部』に分けて整理している表のことですよね」

たまっち「ざっくり言うとそんな感じだね。『資産』であるアパートを買った場合は、借りた1億円の現金は1億円相当の不動産という『資産』に形を変えただけにすぎない。『バランスシート（貸借対照表）』の上では、1億円の『負債』（借金）の反対側には1億円の土地建物が『資産』として計上されているという見方ができる」

平太郎「つまり、**不動産投資で1億円の借金をした場合は、借金と引き換えに価値を生み出すもの**（＝『資産』になる不動産）**を得たことになる**ってことですよね。一方、借りたお金を飲み代に使ってしまえば、その1億円は丸ごと、ただの『負債』になる」

たまっち「その通り。土地と建物から毎月の家賃収入を得られるので、そこから返済を行えばいい。それと、資産運用の手段として不動産が優れている点は、株式のようにある日突然、紙切れ同然（無価値）になってしまう可能性は限りなく低いということ。完済するころには

● 自己資金1000万円で1億円の不動産を買った場合のバランスシート

<table>
<tr><th>資産 1 億円</th><th>負債 9000 万円</th></tr>
<tr><td rowspan="3">不動産 1 億円
土地 6000万円
建物 4000万円
不動産で借金しても
「資産」が残る！</td><td>借入金 9000 万円</td></tr>
<tr><td>純資産 1000 万円</td></tr>
<tr><td>自己資金 1000 万円</td></tr>
</table>

同じ借金でも、その使い道が浪費なのか、資産の購入なのかによって、大きく意味合いが変わってくる。借金を過度に恐れる必要はない。

古くなった建物に価値がなくなるとしても、最後には土地が残るからね」

平太郎「ローンは毎月の家賃から返せばいいし、万が一返せないときは物件を売って精算する選択肢も取れるのか。闇雲に借金を怖がるのではなく、お金を使って何を買うか、それが収入を生む『資産』になるかどうかを考える必要があるんですね」

たまっち「その通り。今後、不動産賃貸業で規模を拡大していくためには、借金をすること、つまり、金融機関から融資を受けることが不可欠になる。だから、いまのうちから理解しておきたい考え方なんだ」

平太郎「借金に対する見方が変わってきた気がします！」

たまっちまとめ04

- 借金＝悪と考えるのは短絡的。浪費のための借金（悪い借金）と投資のための借金（よい借金）を区別してみよう
- 1億円の借金をしても価値ある不動産（資産）を買うことができれば、バランスシートの観点で不安に感じることはない

ベストセラー本『金持ち父さん　貧乏父さん』（筑摩《ちくま》書房《しょぼう》）の著者、ロバート・キヨサキ氏は「資産とは、あなたのポケットにお金を入れてくれるもの」と表現しています。借金して買うものが資産なら、怖さも減ってくるでしょう。

05 「不動産を買えば儲かる」ってわけじゃない

――「資産を買う借金はよい借金」だと理解した平太郎。しかし、それでも不安が残る。不動産は資産になるとは言っても、借金が返済不能になる恐れはあるはずだ。

平太郎「でも、待ってください。家賃から借金を返済していくにしても、入居者が退去することもあるわけですよね？」

たまっち「賃貸物件だからね。転勤や住み替えで引っ越しをする可能性はもちろんあるだろう」

平太郎「空室で家賃が入らなくなったら、返済できなくなるってことですよね？　そう考えると、やっぱり怖いんですが……」

たまっち「その通りだ。空室が出てしまうことで返済が滞れば、経営は行き詰まる。そうならないために、物件選びの際に注意が必要だ。購入する前に、その物件に賃貸需要がきちんとあるかどうか調べなければいけない」

平太郎「賃貸需要がある物件というのは、どんなものなのでしょうか？」

たまっち「たとえば、駅から遠いけれど近隣に工場があって、そこで働く従業員の入居が見込める、などのケースだね。賃貸需要がある物件ならば、退去が発生しても次の入居希望者がすぐに現れる可能性が高いよ」

平太郎「なるほど、空室が埋まりやすい優良物件を選ぶことが大切なんですね」

たまっち「特に最初は知識や経験が少ないので、なるべくリスクを抑えていきたいね。初心者の物件選びという点でいうと、**最初の1件目は、すでに入居者がいる『オーナーチェンジ物件』を買うことをおすすめ**しているんだ」

平太郎「すでに入居者がいれば、買った瞬間に家賃収入が入ってくるから安心ですね」

たまっち「そうだね。そして不動産賃貸業に慣れてきたら、融資を受けて、さらに不動産を買っていく。家賃収入に対する返済比率に余裕を持たせつつ、毎月の手残り額（＝家賃収入から返済分と経費を引いたもの）を堅実に貯めて空室の発生に備えるんだ」

平太郎「なるほど。空室リスクはあっても、**購入時にきちんと優良物件を選んで、空室リスクにもきちんと備えていけばいい**わけですね。でも、たまっちさんはサラッと言いますけど、実行するのは難しそうに思えます……。ちなみに、不動産賃貸業で失敗している人って、やっぱりいるんですか？」

たまっち「もちろんいるよ。残念ながら、毎月のように赤字を出してしまっている人も多いのが現実だ……」

平太郎「えー、それは怖い！　どういう人が失敗するんですか？」

たまっち「たとえば、不動産の電話営業をきっかけに『楽して不労所得』のようなセールス文句に心惹《ひ》かれて物件を買ってしまった人に、そのパターンは多いね」

平太郎「そういえば会社の先輩が『ワンルームマンションのオーナーになった』って自慢してたけど、たしか会社にかかってきた電話がきっかけだったような……」

たまっち「そういう場合、返済額が家賃収入を上回る赤字状態に陥るケースが少なくない。平太郎くん、営業マンが電話をかけて営業してくる物件の特徴って、なんだかわかるかい？」

平太郎「えっ……なんだろう……。わからないです」
たまっち「不動産の場合、儲《もう》かるのが明らかな物件は何もしなくても多くの買い手が集まってくるものなんだ。でも、そうでない場合は……」
平太郎「そうか！　買い手を探さなくちゃならない」
たまっち「そう。彼らがわざわざ電話をしてくる理由は、『扱っている物件がすぐに買い手がつかない（＝割高）』からであり、簡単に売れない商品を電話営業していることも少なくないんだ」
平太郎「たしかに。よく考えたら、見ず知らずの人に、わざわざ儲かる話を持ってくる営業マンが多くいるとは思えないですもんね」
たまっち「懇意にしていたり、今後も買ってくれたりしそうな人には持ってきてくれることもあるけどね。一般的に、売り手が高い人件費をかけてでも売るメリットがあるとしたら、販売価格にはそれだけのマージンが乗っていると考えるのが自然であり、それは買い手の視点では美味しくない物件である可能性が高い。そもそもすぐ売れる物件なら営業コストをかける必要がないからね」

平太郎「ほんとだ。納得できます」

たまっち「大切なことは、不動産オーナーになったからといって、必ずしもみんなが儲かっているわけではないということだ。もちろんうまくいっている人もいるけど、それはしっかり知識を得て行動を続けて、自分で物件を探している人に多い。なんとなく誘われて買ってしまった、という人からの相談は、残念ながらよくあるよ」

平太郎「物件を購入できたからといって、簡単に儲かる世界ではないんですね……」

――さっそく甘くない現実を突きつけられ、なんだか先行きに不安を抱える平太郎であった。

たまっちまとめ05

- 最初は、入居者がいるオーナーチェンジ物件を買うのがおすすめ
- 買った翌月から家賃が入ってくれれば、ただちに返済に困ることはない（長期入居が見込めるとなおよし）
- 電話営業などで得た物件情報は特に慎重に検討すべき。収支がマイナスになるような物件を買ってはいけない

不動産賃貸業によって人生を大きく変えることができるのは事実ですが、やるなら勉強と行動を続けることが大前提です。よくわからないまま儲け話に乗って買ってしまう、というのは失敗パターンの典型。気をつけてくださいね。

06 僕がiDeCoやNISAより不動産賃貸業をすすめる理由

――とある朝、マネー雑誌を片手に握った平太郎がアズマベーカリーにやって来た。表紙には大きく「新NISA《ニーサ》（少額投資非課税制度）大特集」と書かれている。

平太郎「やっぱり不動産賃貸業っていろいろ大変だし、僕には難しいような気がするんですよね。この前、会社の先輩が『**資産形成はNISAとiDeCo《イデコ》（個人型確定拠出年金）で十分**』って言っていたので、気になって帰りに本屋さんで雑誌を買ってみたんですよ。NISAって非課税だし、僕には不動産よりNISAのほうがいい気がしてきました！」

たまっち「たしかにNISAやiDeCoは政府・国から優遇されているだけあってメリットがあるのは事実だ」

平太郎「そうですよね。不動産で赤字になるリスクを背負うよりいいんじゃないですか？」
たまっち「ただ、ここで思い出してほしいんだけど、平太郎くんの目標はなんだっけ？」
平太郎「会社に縛られない自由な時間を手に入れて、世界中でキャンプすることです。そのために、年収1000万円を達成するのが目標です」
たまっち「そうだったよね。まず、iDeCoは老後の資産形成を目的としたもので、給付を受けられるのは60歳以降になる」
平太郎「なるほど、iDeCoでの資産形成は老後の備えっていう立ち位置なんですね。iDeCoで投資を始めても、30代の僕が受け取れるのは20年以上先ってことか」
たまっち「そうだね。NISAについては、そもそも年間の投資上限額が決まっているので、長期的な資産形成に向いている制度だ。だから**iDeCoやNISAをやっても数年以内に大きく収入が伸びることはない**し、いまの生活をガラリと変えることは難しい」
平太郎「iDeCoとNISAをやっていても、定年退職までこの生活を続けるしかないってことなんですか……」
たまっち「不動産賃貸業であれば、物件を購入してすぐに家賃収入が発生する。僕の持論では、5年から10年以内に人生を変えたい人は、まずは不動産賃貸業を中心に進めたほうが大きく収入を増やすことができると思っているよ」

平太郎「60代や70代になってから北極圏でキャンプしても、オーロラを見ながら凍死しちゃいそうですね。僕は、老後を待たずにやりたいことにチャレンジしたい派です」

たまっちまとめ06

- **NISA、iDeCoは長期的な資産形成に向いている制度**
- **5〜10年程度の期間で人生を変えたい人は不動産賃貸業をすべき**

株式投資では金融機関からの融資を受けられませんが、不動産賃貸業なら可能。そのため10年以内での資産形成の構築がしやすいのです。

07

不動産賃貸業ってサラリーマンと両立できるの？

――たまっちとの朝活の回数を重ねることで、いよいよ平太郎も不動産賃貸業への興味が高まってきた。しかし、やはり不安は残る。「僕にはサラリーマンとしての本業がある。そんな生活のなかで、アパートを買って運営するなんて、できるのだろうか」。そんな思いを打ち明けることにした。

平太郎「ここまでたまっちさんの話を聞いて、僕が夢を叶えるためには、やっぱり不動産投資しかないと思いました。でも、やっぱり不安なんですよね……。**そもそも、こんな僕に賃貸経営なんてできるんでしょうか。**本業もそれなりに忙しいし、片手間に運営なんてできる気がしないです」

たまっち「安心してほしい。全部を自分だけで運営する必要はないんだ。管理会社を利用して賃貸業の業務を委託することもできるよ」

平太郎「業務を委託するというと？」

たまっち「家賃の集金や送金、クレーム対応など運営における細々《こまごま》とした業務をまるっと引き受けてもらえるんだ。**家賃の3～5％の管理手数料を支払うことで管理業務を管理会社に委託できる**」

平太郎「そうなんですか！　会社の会議中とか夜中にクレームが来たら大変だなあと思っていたので、それなら安心です」

たまっち「不動産賃貸業は古くからあるビジネスモデルなので、さまざまな外注システムが整備されている。これは、不動産賃貸業をサラリーマンの副業としておすすめできる理由のひとつでもあるんだ」

平太郎「アパートオーナーってヨボヨボのお年寄りのイメージがあるけど、そういうサポートシステムが充実しているから、きちんと運営が成り立っているんですね。僕にもできるかもしれない」

たまっち「そうだね。君みたいに将来に不安を抱える若者に、お金や不動産の話をすることができてよかったよ。いまの段階で、僕から教えられることは以上だ」

平太郎「えっ……」

たまっち「もし、君が不動産賃貸業を始めたいというのなら、さらに詳しい話を教えてあげてもいい。ただ、中途半端な気持ちで続けられることではないから、その前にじっくり考えてほしい。覚悟が決まったら、また連絡してくれ」

——そう言って、たまっちは席を立ち、朝の街中へと消えていってしまった。平太郎は、ベーカリーにひとり取り残された。

平太郎「どうしよう……。僕に不動産賃貸業ができるのかな……」

たまっちまとめ07

- 不動産賃貸業は管理業務を外注するシステムが確立しているので、サラリーマンでも副業として実践しやすい
- 家賃の3～5％の管理手数料を支払うことで管理業務を管理会社に委託できる
- 管理業務を委託すると、家賃の集金や送金、クレームの1次窓口などを代行してくれるので、費用対効果に優れている

僕は最初に賃貸物件を買ったときから管理会社さんに業務委託していたので、購入後は何もすることがなくて拍子抜けしました。これならもっともっと買ってもやっていけそう、と感じました。

08 不動産活動の準備、最初にやること

——それから1週間、平太郎はよく考えた。このまま会社員として漠然と働き続けた将来のこと。この先の人生、どんな生き方をしたいのか。でも、不動産賃貸業なんて自分にできるのだろうか……。そしてよく考えた末、アズマベーカリーで再びたまっちに会う約束を取りつけた。伝えたいことがあるのだ。

平太郎「たまっちさん、僕、覚悟を決めました。自分の未来を変えるために、不動産賃貸業を始めます！」

たまっち「ようやく心が決まったようだね。いまの平太郎くんの年齢で不動産賃貸業の可能性に気づけたのは大きいと思うよ。ちなみに決心したからといって、すぐにポンとよい物件

が買えるわけではない。まずはよい物件を手に入れるための準備が必要だ」

平太郎「準備？　何をするんですか？」

たまっち「僕は、これから不動産を買う人に向けては**『最初に目標と期限を設定する』**ことをすすめている」

平太郎「それって、この前の『理想の生活をイメージする』のことですか？」

たまっち「その通り。『理想の生活』を具体的にイメージすることで、自分がなんのために不動産賃貸業をやるのかクリアになる。ちなみに僕は目標を手帳に書いて毎日見るようにしていたんだ。毎日目標を思い出す効果は思いのほか大きいと実体験から断言できる」

平太郎「僕は紙の手帳は持ち歩かない人なので、スマホにメモします。……よし、できた。**僕の目標は『10年後の45歳までに年収1000万円を得たい』**だ！　昇給をあてにしない想定なので、年収550万円の僕は不動産で450万円稼ぐ必要があります」

たまっち「いい目標だと思うよ。スマホの待ち受けにするだけでなく、PCのデスクトップに設定したり、印刷して壁に貼り出したりするのも効果があるよ」

平太郎「ひとり暮らしだからいいけど、遊びにきた友達に見られたら恥ずかしいなあ」

たまっちまとめ08

- 理想の生活をイメージしたら、「目標と期限の設定」を行う
- 期限を設定することで、逆算思考で行動できるようになる
- 目標はよく見る場所に貼っておき、定期的に思い出そう

年初に立てたはずの目標を、つい忘れてしまっていた、ということはありませんか。僕は何度もあります(笑)。難しいのは、立てた目標を忘れないこと。だから毎日、目標と期限を目にして、進捗状況を確認することが大切なのです。

09 不動産活動の時間を確保しよう

――不動産賃貸業を始める決意をし、夢への第一歩を踏み出すことになった平太郎。「中途半端な気持ちでは続けられない」と以前たまっちは言っていたが、その理由を、平太郎はさっそく思い知らされることになるのだった……。

たまっち「ちなみに、最初に平太郎くんに『理想の生活』を描いてもらったけど、ちゃんと壁に貼ったりして見えるようにしているかな？」

平太郎「恥ずかしいけど、部屋の壁にデカデカと貼ってますよ！」

たまっち「それはよかった。もし挫折しそうになったら自分の理想の生活を思い出してモチベーションとしてほしいんだ。以前も言ったように、ここから先は中途半端な気持ちでは続けられないよ。覚悟はＯＫ？」

平太郎「……は、はい！（決めた以上、いまさら引き下がるもんか……）」

たまっち「たしか平太郎くんは土日休みの仕事だよね」

平太郎「はい、そうです」

たまっち「じゃあ、これからは、**日曜を丸1日、不動産を現地で調査する不動産活動**に充てよう。いますぐスマホのカレンダー機能ですべての日曜日に予定を登録するんだ。加えて**平日は1時間の時間を確保して不動産活動**に充てる。これは通勤時間、昼休み、お風呂の時間を有効に使えば捻出できる」

平太郎「えっ、そんなに不動産のために時間を捧《ささ》げないといけないんですか……。ちなみに、日曜に予定が入ることもあるんですけど、そのときはどうしましょう？」

たまっち「そのときは土曜日を不動産活動の日にする。土曜日も予定がある週は、平日に有給休暇（有休）を取って、なんとか1日は不動産活動をする日を確保してみよう」

平太郎「えっ？　不動産を見るために有休を取るんですか？（そこまでして不動産活動をする必要があるのか！）」

たまっち「有休は労働者として行使できる大切な権利だ。会社のために働いている時間はしっかり貢献し、有休は適切に活用する。メリハリのある働き方に切り替えて、目標に向けて行動する時間を意識的に作っていこう」

たまっちまとめ09

- **土日のどちらか丸一日を、不動産を見るための日として確保する**
- **スケジュール帳の先々まで予定を入れてブロックしておこう**
- **週末に予定が入った場合、有休を使って平日に不動産を見に行く**

僕は同僚が遊んだり休んだりしている休日に、知らない街に出かけて、古くてボロい物件を見て帰ってくるという時間をよく過ごしていました(涙)。不動産賃貸業を頑張るモチベーションを設定することは、とても大切です。

10 不動産の勉強をしよう

――たまっちによる不動産指南が思いのほかガチなことに戦慄する平太郎。あのにこやかなメガネキャラのたまっちが、不動産賃貸業の厳しさを念押ししただけのことはある。平太郎は「これくらいの覚悟を持って取り組まなければ、人生は変えられないのだな」と悟るのであった。

平太郎「週末の時間の使い方はわかりました。平日の1時間って具体的に何をするんですか？」

たまっち「平日の1時間は物件検索や資料請求、不動産投資の勉強をしてほしい」

平太郎「勉強ですか？　そういえば、社会人になって以来、勉強からは遠ざかってるからなあ（汗）。勉強なんか、いまさらできるか心配です……」

たまっち「実際に不動産賃貸業をしていくなら、必要な知識を身につける必要がある。それを無理なく獲得すればいいだけだ。たとえば、**初心者向けの動画を見るのも有効だよ**」

平太郎「いま〝不動産投資〟で検索したら、いろんな動画が見つかったんですけど、おすすめはありますか？」

たまっち「僕のおすすめはこれだね。

世界一わかりやすい不動産投資の授業

https://www.rakumachi.jp/news/series/jugyou

不動産投資物件のポータルサイト『楽待《らくまち》』が公開している全20回の動画。第1回と第2回は無料で公開しているので、まずこの2本だけでも見てみよう。動画で学ぶ過程で意味がわからない言葉も出てくるだろうけど、焦らなくていい。知らない用語が出てきたらその都度、検索して覚えていこう」

平太郎「教科書とにらめっこするわけじゃなくて、最近は動画コンテンツでも学べるんですもんね。通勤中の電車でも勉強できそうです」

たまっち「無料の動画コンテンツで基礎知識を身につけるのとあわせて、ぜひ、**本やセミナーでも勉強**をしてほしい。1000～3000円程度で学べる内容で、数十万円や数百万円得することも十分あるんだ」

平太郎「そんなに変わってくるものなんですか！」

たまっち「それだけ不動産賃貸業で動かすお金は大きい。だから、**勉強は非常にコスパがよい自己投資**になるよ」

平太郎「それはやらないわけにいきませんね。しっかり勉強します！」

たまっちおすすめの書籍

❶『知識ゼロでも大丈夫！　基礎から応用までを体系的に学べる！　不動産投資の学校［入門編］「お金持ち大家さんになりたい！」と思ったら必ず読む本』（ダイヤモンド社）
日本ファイナンシャルアカデミー編著

不動産投資の基礎用語や考え方を網羅的に学べる、不動産投資のバイブル的な一冊。迷ったらこの一冊を読んでほしい。繰り返し読むことで基本を理解できるので、いつでも取り出せるよう手元に置いておこう。

❷『不動産投資でハッピーリタイアした元サラリーマンたちのリアルな話』（青月社）
玉崎孝幸《たまざきたかゆき》、ｈｉｒｏ田中《たなか》、アユカワタカヲ、桜木大洋《さくらぎたいよう》共著

いま読んでいるこの本の著者（たまっち＝玉崎孝幸）が2017年に出した初めての著書（共著）。4人の元サラリーマンたちが、紆余曲折を経て、不動産投資で収入を増やし、リタイアするまでをインタビュー形式で読める。サラリーマンの不動産投資のリアルを知りたい人におすすめだ。

③『マンガでわかる　まずはアパート一棟、買いなさい！』（SBクリエイティブ）
石《いし》原《はら》博《ひろ》光《みつ》著

たまっちが超初心者のころに読んでいた不動産投資本のベストセラーの漫画版。一棟アパート(＊)投資に特化しており、探し方、検討方法、購入方法、運営などを大づかみに理解することができる。漫画が多めなのもうれしい。

(＊)一棟アパート：集合住宅を一棟まるごと取引するという意味で「一棟物件」と呼ばれるもののなかで、一般的に2階から3階建て程度で、木造もしくは軽量鉄骨造の集合住宅のものを「一棟アパート」と呼ぶ。一方、階数制限がなく、RC造（鉄筋コンクリート造）や鉄骨造のものが「一棟マンション」と呼ばれる

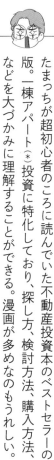

平太郎「たまっちさんのおすすめ本、読んでみます。ほかにもAmazonで検索すると、いろんな不動産投資本が見つかりますけど、どんな本を読めばいいんですか？」

たまっち「**入門書、初心者向け、著者の境遇が自分と似ている人の本を読むのがおすすめだ。**冊数を多く読むより、有益だった本を2回読むほうが身になることが多いよ。読んでいて『なるほど』と思ったところに付箋を貼る。これを繰り返すと、複数の本に共通する事項が見えてくる」

平太郎「共通する事項って、たとえばどんなことですか？」

たまっち「僕の経験だと、『不動産は金額交渉して買いましょう』『現地を確認してから買いましょう』といったことが複数の本に書いてあった。ひとりの著者の意見に偏ると、その人の資産背景や時代の影響を受けてしまうけど、**複数の本に登場する事柄は普遍的な真理である**可能性が高い」

平太郎「なるほど！　そこを意識して読むようにしてみます」

たまっち「ちなみに僕は、なるべく時代に影響されない手法を平太郎くんに教えているよ」

平太郎「読書以外に、セミナーも行くべきなんですか？　セミナーって、なんだか高額なイメージがあります」

たまっち「3000円から5000円程度の比較的参加しやすいセミナーもあるよ。最初は雰囲気を知るために、オンラインセミナーに参加するのもアリだ。慣れてきたら、会場セミナーで講師に質問したり、ほかの参加者と交流したりすると、さらに学びが深まるね」

平太郎「会場だと、リアルな場で不動産投資をしている人たちと交流できるわけですね！」

たまっち「日々の活動をしているときは基本的にひとり。そのなかで、同志と言える仲間を見つけておくことは、すごく有益なんだ。会社の同僚には不動産賃貸業の悩みなんて話せないからね」

平太郎「そもそもなんですけど、物件をひとつも持ってない僕が、大家さんセミナーに行っても大丈夫なんですか？」

たまっち「大丈夫だ。僕も物件がゼロだったころから、いろんなセミナーに行っていたよ」

平太郎「ちなみに検索したら、無料のセミナーもたくさんあるみたいですね。お金がもったいないですし、無料セミナーでも大丈夫ですかね？」

たまっち「無料や参加費が安すぎるセミナーもいいけど、なぜ、その料金設定になっているのかは意識しておこう。主催者の立場に立って考えれば、無料で人を集めて、顧客候補を見つけたいよね。だって何も売らなければ、場代や人件費で赤字になってしまう」

平太郎「ああ、なるほど、そういうカラクリがあるわけですね……。セミナー後はめちゃくちゃ勧誘とかされることになるのか。それは面倒だなあ……」

たまっち「自社で取り扱う物件の営業や、不動産投資家の高額塾の勧誘などがある可能性はある。自分の目で見極めて、自分に合うものかどうかを冷静に判断することは不可欠だ」

平太郎「僕は気が弱いので、うまく断れる自信ないですね……」

たまっち「**セミナーに参加していくと、この手の勧誘は避けて通れない**ものだよ。大切なのは不要なものをはっきり断ることだ。恐れてばかりでは情報を得るチャンスを逃してしまうからね」

平太郎「これも経験ですね。断る勇気、きちんと持てるように頑張ります」

たまっち「参加させてもらうからには、礼儀を尽くし、不義理をしないこと。たとえ自分がお客さんの立場だとしても、丁寧に対応することを忘れないようにしたいね」

たまっちまとめ10

- 不動産投資の本を読むことは有効。乱読するより、自分と似た境遇の人が書いた本を繰り返し読むほうが参考になる
- 複数の本に登場する事柄は、普遍的な重要事項である場合が多い
- いきなり高額な塾やセミナーに参加する必要はない。ただし、無料セミナーは勧誘やセールスがセットなので、上手《じょうず》に対応しよう

セミナーに参加する前に、書籍を読んでおくことをおすすめします。ある程度の知識を持った状態で臨んだほうが、理解が深まるからです。セミナー後に勧誘やセールスを受けても、より正確に判断できるようにもなります。

11 会社の名刺はNG、不動産用の名刺を作るべし

――アズマベーカリーの看板娘・東こむぎにすすめられた新作「あんバター塩パン」を買ってみた平太郎。あんこの上品な甘味とバターのコク、そしてパン生地の塩味が絶妙だ。感極まった平太郎は、その思いをこむぎに伝えたい気持ちを抑えることができなかった。

平太郎「ああ、うますぎる！　こむぎちゃん、僕は君が作るパンのファンだ！」

こむぎ「……えっ。（少し困惑しながら）ありがとうございます」

平太郎「君が毎朝、僕のためだけにパンを焼いてくれたら、どんなに幸せだろう……。君が作るパンを独り占めにしたい……。こむぎちゃんと、僕と……!!」

――そこに、たまっちがやってきた。こむぎの前に名刺を差し出し、ひれ伏す平太郎を見て、たまっちは驚く。

たまっち「平太郎くん、朝から何をやっているの？」
平太郎「こむぎちゃんが作るパンへの思いを抑えきれなくて、つい……」
たまっち「えっ……？　しかも、それ、会社の名刺だろう？」
平太郎「はい。名刺は会社のしか持っていないので」
たまっち「会社のメールアドレスや電話番号を渡されても、こむぎちゃんも困っちゃうよ……」
平太郎「はっ！　そうでした。パンの美味しさに感動して我を忘れていました」
たまっち「そうそう、セミナーに参加するなら、平太郎くんも**『不動産賃貸業用の名刺』を用意しておくといいよ**」
平太郎「えっ？『名刺』だったら、会社のがあるので、それで十分じゃないですか？」
たまっち「会社の名刺を使うのは避けたほうがいい」

平太郎「そうなんですか？　個人の名刺より会社の名刺のほうが社会的に信用してくれる気がするんですけど」

たまっち「不用意に会社の名刺を不動産業者に渡すと、以後、会社の電話とメールに物件案内や連絡が届く可能性がある。そもそも**会社から支給される名刺は、会社の業務のために使用すべきもので、私用である不動産賃貸業で使うべきではないよね**」

平太郎「たしかにそうですね！　会社のメールに不動産情報が大量に届いたら、それこそ仕事に支障が出ちゃいますよね」

たまっち「不動産業者のなかには熱烈な営業をする企業もあるし、いまは企業セキュリティーの観点からメール内容を検閲する企業もある。用心しないと」

平太郎「会社の名刺を使うのがよくないのはわかりました！　個人の名刺を作るにしても、肩書はどうすればいいいんですか？　僕なんて物件をひとつも持ってないので『不動産投資家』とは名乗れないですよ……」

たまっち「そこは堂々と『不動産賃貸業』と書いて問題ないよ。もし引け目を感じるなら『物件探し中』『準備中』と小さく書いておけばいい。肩書については、『**投資家**』**ではなく**『**賃**

貸業』とあったほうが、事業者として取り組もうとする意識が感じられるのでいいんじゃないかと思うよ」

平太郎「たまっちさんは、どんな名刺を使っていたんですか」

たまっち「僕は最初のころは、100円ショップで買った名刺用のプリント用紙を家のプリンターで印刷していたよ。最初から立派な名刺を用意しなくても大丈夫。名刺のサンプルを載せておくので、デザインの参考にしてほしい」

●名刺サンプル

> 不動産賃貸業
>
> **田中 太郎**
>
> Taro Tanaka
>
> 〒000-0000 東京都○○区○○1-1-1-101
> TEL：090-0000-0000
> E-mail：aaaaaa@aaaaa.jp

これくらいシンプルな内容でOK。名刺用の台紙を購入し、Wordなどでデータを作成して自宅のプリンターで印刷すると、コストがかからず手軽だ。

たまっちまとめ11

●会社の名刺を不動産で使うのはNG！　物件を購入する前から個人の名刺を用意しよう

●名乗る肩書は「不動産投資家」ではなく、「不動産賃貸業」のほうが真剣度が伝わる

●名刺の印刷以外でも、プリンターは今後も役に立つ。先行投資として用意しておこう

名刺はさまざまな場所で必要になります。不動産屋さんを訪問するときのほか、大家さんが集まる会合でも交換する機会があります。大家さん会合用に、年齢や趣味、得意なことなどを記載したものも用意しておくと便利です。

12 節約しながら自己資金を用意しよう

平太郎「不動産賃貸業を始める準備として、やっぱり貯金はある程度は必要なんですよね」

たまっち「そうだね。以前は貯金ほぼゼロの人でも、金融機関からの融資で大きな規模の物件を買えた時代もあったけど、いまではそれは難しい」

平太郎「まあそうですよね……。ちなみにいくらあるといいんですか？」

たまっち「**できれば500万円くらい**はあるのが望ましいね」

平太郎「むむっ……。僕の貯金は350万円です（涙）」

たまっち「銀行は『この人はお金を貯める習慣があるのか、浪費しないか』という視点でも人物評価をしているんだ。貯金をしっかりできている人は堅実だと評価され、不動産賃貸業にも挑戦しやすくなるんだ」

僕の理想は都心の1LDKに住んで
キャンピングカーで世界を旅する
オートロック
駅近
ドラム式洗濯機があって
冷凍庫には高級アイスがストックされている…
はうぅん
そんな生活が送りたい…！
どん
いいねー！
年収だといくら必要になるかな？
現状との差を出してみよう！
オートロックなしアパート
学生のときから使ってる洗濯機
アーン
アーン
カーシェアリングのユーザー
高級アイスのストック現在0
あといまの会社で部長になっても年収1000万円には届かないこともわかりました…
そーだよね…
たまっちさん…やっぱ宝くじですかね…
ウフフ
僕が教えるのは不動産賃貸業だよ…
こうして僕の新しい挑戦が始まったのだ！

まずは家計の見直しから。たまっちおすすめの節約術

まず着目すべき項目は「固定費」

本書を読んでいる人のなかには、平太郎くんより自己資金が少ない人もいるかもしれません。だからといって不動産賃貸業への道を諦める必要はありません。いまからしっかり準備すれば半年から1年で財務体質を改善できます。最初にやるべきは、家計の見直し。以下に僕がやって効果が高かった節約を紹介します。

●保険の見直し

すすめられてなんとなく加入したままになっている保険はないでしょうか。保険は備えではありますが、それぞれが置かれた状況によって必要な保障は異なります。働き盛りで家族を養う必要がある人と、独身で扶養義務がない人では、必要な備えも異なってきます。

医療費に関しても、日本には「高額療養費制度」があります。これは医療機関や薬局の窓口で支払った額がひと月で上限額を超えた場合、その超えた額を支給する制度です（諸条件あり）。医療保険に加入するなら、この制度も念頭に置きながら選ぶことをおすすめします。

融資を受けて不動産を買うときは、契約者に万が一のことがあったときに融資残高がゼロになる、団体信用生命保険（団信）に入れる場合があります（ただし、加入すると金利が高くなる場合が多い）。不動産賃貸業をするなら、団信の保障内容も頭に入れながら、保険を見直ししていくことが望ましいですね。

●スマホ代の見直し

大手キャリアでスマホを利用している人は、格安ＳＩＭへの乗り換えを検討してみましょう。僕も最近、格安ＳＩＭに変えたところ、スマホの通信通話料が約半分になりました。スマホ代は毎月必ずかかる固定費なので、一度乗り換え手続きをするだけで大きな節約効果を得られます。

●家賃の見直し

家賃負担が重すぎる……という方には、住まいの見直しもおすすめします。

僕がおすすめしたいのが、賃貸物件がたくさん供給されているエリアでの住まい探しです。空室が多いという理由で、立地や広さの条件がいいのに、家賃が比較的安かったりすることがあります。東京23区でいうなら、北側と東側で比較的家賃が安い物件が見つかりやすい傾向にあります（例外もあります）。首都圏の郊外では相模原《さがみはら》（神奈川）、川越《かわごえ》（埼玉）、八王子《はちおうじ》（東京）あたりなどは賃貸物件の供給が多く、借りる側としてはお得感がある物件も出やすいようです。「こんなにキレイで広いのに、この家賃!?」といった物件も見つかるかもしれません。

立地の利便性を犠牲にしたくなくて、他人との距離が近くてもいいという場合はシェアハウス住まいも候補になります。家賃が抑えられる上、いろいろな人と交流できて刺激をもらえる場合も。家賃も一度下げると長く節約効果が見込めるので、ぜひ見直したい出費です。

●節約は固定費からメスを入れる

このように、節約は「固定費のなかで割合が高いものからメスを入れる」のが鉄則です。逆に、生活がしんどくなるレベルの過度な節約はやりすぎなので注意してください。たとえば、スーパーの特売品を求めてわざわざ遠くに出かけるのは、コスパが悪い節約なのでおすすめしません。

そのほか、各種ポイントを増やす「ポイ活」も有効です。商品の使い心地のアンケートに答えるモニターなど、気軽にできるものもあります。気になる方は、ぜひ調べてみてくださいね。

STEP 1

1棟目

オーナーチェンジ戸建物件を買って家賃を得よう

13 1棟目は賃貸中の戸建を買うべし

――月曜朝のアズマベーカリー。平太郎はたまっちと出会ってから、不動産賃貸業の勉強に日々精を出すようになった。満員電車の車内で押し潰される毎日を甘んじて受け入れていた平太郎だが、いまは違う。その瞳は希望の光に輝いていたのであった。

平太郎「たまっちさん！　毎日勉強して不動産賃貸業のこともだいぶわかってきたので、そろそろ実際に物件探しを始めたいです！」

たまっち「おっ、今日はいつになくやる気に満ちあふれてるね！」

平太郎「いろんな書籍を読んで、たくさんの人が不動産賃貸業でＦＩＲＥしていると知りました。そうなるとうずうずして、『こうしちゃいられねぇ！』という気分なんです。それで、どんな物件を探せばいいんでしょう？」

たまっち「僕のおすすめは、**予算300万円程度でオーナーチェンジ（賃貸中）の貸家**。つまり、あらかじめ入居者がついてる戸建（一軒家）を買うことだ」

平太郎「戸建ですか⁉　最初から一棟アパート購入をすすめる本も読んだんですけど……」

たまっち「最初の物件としてオーナーチェンジの戸建をおすすめする理由のひとつは、できるだけリスクを抑えて不動産賃貸業を始められるからなんだ。アパートより少ない投資金額で買える戸建なら、**手持ちの現金で買えるので借金のプレッシャーもない**。万が一、『自分に賃貸経営は向いてない』と判断したときの撤退も容易だし、損失額も限定される」

平太郎「たしかに大借金をして、事業に失敗したらダメージも大きすぎますね。僕、大博打《おおばくち》で人生を狂わせたくないです！」

たまっち「2つ目の理由は、人が住んでいるという実績が住宅の質を担保するからだ。流通する貸家には、空き家か賃貸中の2種類があるけど、僕の肌感覚では売り出し物件の9割は空き家だ。この空き家のなかには傾いていたり、廃墟《はいきょ》寸前だったりするような物件も含まれる」

平太郎「ボロボロでは住むのが難しそうですね」

たまっち「たとえば、高齢のひとり暮らし女性が亡くなったあと、相続した息子夫婦がいたとする。その夫婦は別のマンションに暮らしていて、相続した家をそのまま放置したなら、ものすごい勢いで建物の老朽化が進行する。そういったボロボロな物件なら50万円で買えることも珍しくない」

平太郎「戸建が50万円！　激安じゃないですか！」

たまっち「たしかに安いけど、落ち着いてほしい。長年放置されたボロボロの空き家をキレイにして、入居者を募集して、滞りなく家賃をもらう。これって途方もない長い道のりで、相応の労力と費用がかかるんだ。平太郎くんのような初心者がこれをめざすと、途中で挫折してしまう恐れもある」

平太郎「僕は子どものころ、ガンダムのプラモデルを未完成のまま放置した経験があるので、納得です。冷静に考えたら物件のリフォーム代がいくらかかるかわからないし、キレイに直しても不便すぎる立地だと入居者が見つかる保証もないですね」

たまっち「だから『現時点で人が住んでいる』という事実は、住宅として最低限の機能を維持していて、かつ賃貸需要が存在する可能性もあると言える。そしてオーナーチェンジ物件を買えば、買った瞬間から家賃収入が発生する」

平太郎「リフォームもしなくていいし、募集もしなくていい。これなら楽でいいですね！」

たまっち「そう。**不動産賃貸業で難易度が高い『修繕』や『募集』といった苦労が伴うフェーズをショートカットできるメリット**がある。失敗を避けたい、という人に向けては、オーナーチェンジの戸建に絞ることをおすすめしているんだ」

平太郎「なるほど。オーナーチェンジ戸建なら、僕でも安心して買えそうです！」

たまっち「ただし、購入前に室内を見ることができないというデメリットもある。退去後に大がかりな修繕が必要になることもあるから、そこは理解しておこう」

平太郎「たしかに！　すぐに退去しないことを祈ろう……」

たまっち「不動産賃貸業の目的は『家賃をもらうこと』であって、『家を買うこと』ではないからね。家賃が永遠に発生しない物件を買ったら、それは『空き家を持ってるだけの人』であって、大家とは言えないよ」

たまっちまとめ13

- 最初は、手持ちの現金で買えるオーナーチェンジ戸建がおすすめ
- 「人が住んでいる貸家」は最低限の住宅品質と賃貸需要が担保されている可能性が高い
- 300万円程度の物件を現金買いすれば、不動産賃貸業から撤退する場合でも傷は浅く再起可能となる

世間は折からのDIYブームですが、実は空き家の再生は難易度がとても高いです。成功例ばかりに目が行きますが、その裏では初心者がDIYに挑戦して挫折した、中途半端な状態の物件が売りに出されるのを目にします。

14 ポータルサイトで物件を探そう

――たまっちの助言により、「300万円以下のオーナーチェンジ戸建」を探すことにした平太郎。しかし、具体的にどのように探していけばいいのか。そもそも、そんな物件が売られているのだろうか？

平太郎「たまっちさんの話を聞いて、最初に買うべき物件が明確になりました！　でも、具体的にどうやって探したらいいんでしょうか。僕も引っ越しのために物件探しをしたことが何度かあるんですが、オーナーチェンジの戸建を売ってるのを見たことがないです」

たまっち「不動産投資で物件を探すときは、『SUUMO』や『HOME'S』といった一般的な不動産ポータルサイトではなくて、**『健美家《けんびや》』**や**『楽待』といった収益物件ポータルサイト**

で検索するんだ」

平太郎「いままで賃貸物件しか探したことがありませんでした」

たまっち「たとえば『健美家』では戸建物件が約５０００件掲載されている。ここから『こだわり条件』で『満室稼働中』にチェックを入れて絞ると、ヒットするのは約５００件になる」

平太郎「一気に減った。さっき、たまっちさんが言っていた通り、流通する物件の大半が空き家なんですね」

たまっち「さらにエリアを首都圏の物件に絞ろう。現地調査をすることを考えて、**自分が住んでいる場所から電車で1〜2時間あたりのエリアを探す**ことをおすすめしているよ。ここから予算で買える物件を『高利回り順』にソートする」

平太郎「すごい、利回り20%の戸建が見つかりましたよ！　これさえ買えば勝《か》ち確《かく》じゃないですか！」

たまっち「ふっ、はたしてそうかな……（メガネクイッ）」

たまっちまとめ14

- 物件探しは収益物件専門の「健美家」と「楽待」を中心に検索する
- 基本は自宅から1～2時間圏内のエリアで物件を探す
- 検索時は、「空室（空き家）物件」を除外して、高利回り順にソートすると効率がよい

物件検索のポイントとしては、最初はとにかくたくさんの物件情報に接すること。サイトを毎日見ているだけでも、情報の入れ替わりの状況がわかるし、どのエリアに高利回りの物件が出てくるのかがだんだんつかめてきますよ。

15 安い物件には理由がある

——たまっち推奨の物件検索方法を実践する平太郎。さっそく利回り20％の高利回り物件を発見し、勝利を確信する平太郎だが、たまっちのメガネは鋭く光っていた。

たまっち「平太郎くん、利回りに目を奪われすぎてない？　物件写真をよく確認してないんじゃないかな」

平太郎「あっ、たしかに。この物件、高利回りだけど、よく写真を見ると、けっこうボロボロで、お風呂場のひび割れをガムテープで塞いでますよ。外壁も色褪《いろあ》せてて、サビとかもあるし……」

たまっち「**安い物件には何かしらのネガティブポイントがある**と考えるべきなんだ。たとえば場所がよくないとか、設備が古いとか」

平太郎「安くてピカピカの物件はないってことですね……。でも、そんな問題アリの物件なんて、買っても大丈夫なんですか？」

たまっち「物件が稼働して、入居者が不満を持たず家賃を払っている事実が重要だ。平太郎くんの感覚で『ここに住みたくない』と感じたとしても、住んでいる人は『この街が好き』『実家が近い』『ご近所に親しい人がいる』『職場がすぐそこ』といった理由で愛着を持って暮らしているかもしれない。**自分の感覚でなく事業として問題ないかという視点を持つ**ようにしよう」

平太郎「住居に求めるものは人それぞれだから、自分だけの物差しで判断しちゃダメってことですね」

たまっちまとめ15

- 安い物件には何かしらネガティブポイントがある可能性が高い
- ネガティブポイントはあくまで一般論であり、入居者が不満でなければ問題ない
- 自分の好みや感覚だけで物件の良し悪《あ》しを判断するのではなく、事業として考えること

高利回り物件は魅力的に映ります。僕も高利回りのオーナーチェンジ物件を購入し、痛い目にあったことが何度もあります。「100%儲かる」はあり得ません。最悪の状況を想定しておくことが大切です。

16 不動産屋さんに問い合わせよう

――たまっちの助言により、高利回り物件のカラクリを見抜いた平太郎。冷静さを取り戻し、収益物件ポータルサイトで次なるターゲットを探す。

平太郎「やっぱり、風呂ガムテ物件はさすがに厳しいので、いったん置いておきます。ほかにも気になる物件がいろいろ出てきました！」

たまっち「**気になる物件が見つかったら、まずは『資料請求する』ボタンを押そう。**資料請求すると『マイソク』と呼ばれる物件資料が送られてくる。ちなみに物件検索と資料請求は、通勤や昼休みなどのスキマ時間を使ってスマホでポチポチするといいよ」

●○○アパート 物件概要書

	物件種目	アパート								
	価格	総額1,600.00万円	うち消費税	万円						
	所在地	○○県○○市○○456								
	交通	○○線○○駅徒歩21 分 バス 分 停 徒歩 分								
	土地面積（私道含まず）	153.45㎡	土地権利	所有権						
	私道負担	㎡	地目	宅地						
	セットバック	なし	地勢	平坦						
接道状況	種別	公道	位置指定	なし	接面	4m	方向	北西側	幅員	6m
	種別		位置指定		接面	m	方向		幅員	m
建物面積	延べ186.56㎡	1階	93.28㎡	2階	93.28㎡					
		3階	㎡	その他	㎡					
建物構造	木造	地上階	2階	地下階	階					
築年月	2000年3月	駐車場	有							
設備・条件	1K×8室 駐車場8台分									
都市計画	市街化区域	用途地域	第一種中高層住居専用地域							
建ぺい率	60%	容積率	200%							
その他法令上の制限										
現況	賃貸中	引渡時期	相談							
付帯権利	想定利回り	想定利回り	11.5%							
備考										

「マイソク」と呼ばれる物件概要書の一例。賃貸住宅の場合とは違って見慣れない項目も多いが、最初は物件価格や立地を確認できれば十分だ。

平太郎「駅からの距離、広さ、築年数、いろんな情報が1枚にまとめられてるんですね。賃貸物件でも似たようなものをよく見ます。でも、用途地域とか難しそうな項目もありますね」

たまっち「『マイソク』にあるすべての項目を理解するのが理想だけど、平太郎くんのように**初心者のうちは、細かい条件より『物件価格』『場所』『いくらで貸しているか』の3つに注目**すれば十分だ」

平太郎「そこはけっこうざっくりで大丈夫なんですね」

たまっち「物件の良し悪しや、賃貸需要の有無、その他もろもろの条件も最終的に家賃と物件価格に反映されて織り込まれると考えるんだ」

平太郎「なるほど」

たまっち「そして資料を送ってくれた不動産会社には資料送付のお礼がてら、次の質問を送信するといい。

- 現時点で、現入居者が退去する通知は来ていないか、退去する見込みはなさそうか
- 現時点で、入居者から大家側に修繕の要望は届いていないか

入居者が退去してしまったら家賃収入は発生しない。ゆえに長期安定入居が見込めない物件は候補から除外すべきだ。また、入居者が長期で住んでいても、高額な修繕が控えていたら一気に財務が悪化する。これも避けるべき物件となる」

たまっちまとめ16

- **気になる物件はスキマ時間で資料請求しよう**
- **資料を送ってくれた不動産屋さんに「退去予定」「修繕の要望」について質問しよう**

資料請求はインターネット上で簡単にすることができるので、積極的にしましょう。おすすめなのは、昼休みと就業後の2回チェックすること。新規の物件情報が公開されてから間もないうちに確認することで、出遅れを少なくできます。

17 インターネットで物件調査をしよう

平太郎「長期入居＝安定収入が見込める物件を選ぶべきなんですね。でも、そういうのって、不動産会社じゃなくて直接入居者に聞いたほうがわかるんじゃないですか？」

たまっち「**入居者に直接確認はNG**だよ！　平太郎くんも自分が住んでるアパートにある日突然、知らないオジサンがやって来て『引っ越しの予定はありますか』『壊れてて直したい箇所はありますか』とか聞かれたら不気味だよね。そういう質問は不動産屋さんを通して確認するのがマナーなんだ」

平太郎「たしかに、そんな人が訪ねて来たら完全に不審者ですよね……。気をつけます。ほかに確認するポイントはありますか？」

たまっち「『○○駅　乗降客数』で検索して最寄り駅の1日の駅の利用者数を調べると街の規

模感をイメージしやすい。目安としては、一日の乗降客数1万人くらいで普通。3万人だとけっこう栄えてる感じかな。いろいろな駅を調べていくと1日数百人なんて駅もあるだろう」

平太郎「ひえー、さすがに1日数百人は田舎すぎてヤバい場所ですよね？」

たまっち「それは一概には言えないな。駐車場があればOKだったり、国道やバイパスへのアクセスが優れていたりするなど、車社会における利点も存在するので現地で確認したいところだ。それ以外だと、**駅前に各種ファストフード店が充実していると高評価ポイントだ**」

平太郎「僕も、マクドナルドや吉野家《よしのや》、大好きです！　たしかに駅前にあったら便利ですよね」

たまっち「全国区ブランドの飲食チェーンは出店にあたり、念入りにマーケティングしている。だから出店している＝需要の裏付けがある＝人が住んでいると言えるんだ。逆に駅前にコンビニしかないような街はネガティブ評価になる。グーグルストリートビューを使って駅前の様子を見ておくといいよ」

たまっちまとめ17

- オーナーチェンジ物件の入居者にコンタクトを取るのはNG
- 駅の乗降客数や駅前にどんなお店があるかなどをネットで調べると街のイメージが湧きやすい
- 乗降客数が少なくても幹線道路に近い場所なら賃貸需要が存在する可能性がある

家にいながらできる情報収集は意外と多いのです。特にグーグルストリートビューを使った「疑似現地調査」で、外観や周辺環境の情報もある程度わかったりしますよ。物件情報を得たら住所をグーグルで調べるクセをつけましょう。

18 初めての現地調査

——たまっちのアドバイスに従い、平日の物件検索を続けた平太郎。地道に検索を続けた結果、千葉方面で3件の気になる物件をピックアップした。そして迎えた週末。今日は初めての現地調査ということで、たまっちも同行してくれることになった。

平太郎「無事起きられて予定通り7時45分の電車に乗れてよかったです。今日は現地調査を3件回る予定です！」

たまっち「忙しい1日になりそうだね。ちゃんと不動産用の名刺も持ってきたかい？」

平太郎「はい、不動産賃貸業と書いて、名前と連絡先を印刷したものを持ってきました！」

たまっち「おっ、いいね！　出会った不動産会社の方に渡していこう。それから現地に着く前に調査のポイントを確認だ。**基本的に初回の現地調査はアポなしで行くよ**」

平太郎「アポなしで大丈夫なんですか？　物件の内覧って、不動産屋さんと一緒に行くイメージがあったんですけど」

たまっち「特に今回はオーナーチェンジ（賃貸中）の物件で、室内を見ることができないからね。外観を見るだけなので、まずは自分ひとりでじっくり建物の状態や立地など、現地でしかわからない情報を得ていこう。物件や不動産会社さんによっては、無断での現地訪問を禁止しているところもあるので、その場合は控えてね」

平太郎「わかりました！」

——1件目の物件に到着した平太郎とたまっち。さっそく現地調査を開始する。そこで、やる気に満ちあふれた平太郎が、思わぬ行動に出てしまうのであった……！

平太郎「よし、建物の状態をしっかりチェックしていくぞ！　遠目だとちょっと見えにくいので、あそこのフェンスによじ登ってみます」

たまっち「ダメダメ！　初めての現地調査でテンションが上がってるとはいえ、そんな不審者ムーブをかましたら、速攻で近隣住民から通報されてしまうよ！」

平太郎「すいません、暴走しました」

たまっち「それに初心者の平太郎くんが建物を見ても、細かな不備まではわからないだろう。あくまで、**いまの段階では遠目に外観を見るだけで十分**だよ。建物チェックは『屋根がない』『壁に穴が空いている』とか明らかにおかしな点、生活が成り立たないレベルの不備、マイナスポイントがないかをチェックできればＯＫだ」

平太郎「ああ、そうだったんですね。張り切って細部までチェックする気満々でした」

たまっち「まあ、そう気負わなくて大丈夫だよ」

平太郎「そうか……。でも、こんなに遠くまで現地調査に来たんだから、きちんと情報収集しないと。そうだ、聞き込み調査をしよう。それじゃあ、入居者に住み心地を聞きたいので突撃してみます！　ピンポーン」

たまっち「えっ！（まるで成長していない……！　私の指導が間違っていたのか！）一度冷静になろう、平太郎くん。今回はたまたま留守だからよかったものの、君が住んでるアパートに見知らぬ訪問者が来て、なんの脈絡もなく住み心地を聞かれたらどう思う？」
平太郎「ヤバい人だと思います……。あっ！ そうでした、入居者への直接コンタクトはNGなんですよね。不動産屋さんを通して聞くのがマナーでした」
たまっち「以前、僕が言ったことを思い出したようだね」
平太郎「初めての現地調査で我を忘れていました……」

——深呼吸をし、正気を取り戻した様子の平太郎。

たまっち「少し落ち着いたかい？」
平太郎「はい……ご迷惑をおかけしました。せっかく遠くまで物件を見に来たんだから、得られる情報はすべて集めようって感じで、気合いが入りすぎていました」
たまっち「最初の失敗はよくあることだ。まあ、僕がついてきてよかったね……」
平太郎「ちなみに、外観をスマホで撮影しても大丈夫なんでしょうか？ あとで振り返って物件を検討するときの資料にしようと思ってまして」

たまっち「あくまで個人的な利用の範囲であればね。ただ、周囲への配慮は忘れずにしよう」

平太郎「わかりました。先ほどは僕のほうからピンポンしてしまったのですが、もし住んでる人や近所の人のほうから話しかけられたらどうしましょう?」

たまっち「まずは笑顔で丁寧に挨拶をしよう。なんの用か、などとたずねられた場合は特に口止めされていなければ、『この物件が売りに出ていて、購入を検討しているんです』と正直に言うといい。写真撮影が不快だ、など指摘されたら素直に謝罪して削除することだ」

平太郎「いま住んでいる方やご近所の方は、物件を購入した場合、関係が続く可能性が高い人たちですもんね。丁寧な対応を心がけます」

たまっち「それから、現地調査では物件だけでなく周りの状況も丁寧に見たほうがいいよ。お墓、ゴミ屋敷、工場の騒音など、生活環境に影響を与えそうな要素がないかはチェックだ」

平太郎「物件だけでなく、周辺環境も重要なんですね。音や臭いはネットで調べてもわからないから、現地に行かないとわからないのか。周辺の物件も歩きながら確認しておきます!」

たまっちまとめ18

- 初回現地調査に不動産屋さんの同行は不要。アポなしでひっそり行う（禁止されている場合を除く）
- 現地では建物の外観を見て、明らかな破損箇所やウェブで見た写真と違う点がないかを確認しよう
- 現地調査では物件だけでなく周辺の環境や周辺物件の状況もチェックしよう

不動産賃貸業において、現地調査はとても大切です。最初は慣れないかもしれませんが、繰り返すうちに、どこを見ればいいのかわかってきて、効率よく済ませられるようになります。ぜひ、楽しみながら毎週実践してみてくださいね。

19 物件近くの不動産屋さんにヒアリングをしよう

——初めての現地調査を終えたふたりは、駅前に戻ってきた。平太郎の不審者ムーブにたまっちが振り回されるという波乱のスタートを切ったが、時刻はまだ午前10時だ。次は、たまっちの教えに従って、駅前不動産屋さんへ飛び込み調査を行う。

平太郎「先ほどはご迷惑をおかけいたしました……。やる気が空回りしてしまって、現地調査のポイントをすっかり履き違えていました」

たまっち「いやいや〜、冷や汗をかいたよ。でも、失敗から学んでいけば大丈夫だ。よし、気を取り直して、これから不動産屋さんへ飛び込み調査をするぞ」

平太郎「不動産屋さんへのアポなし訪問はＯＫなんでしょうか。いま見に行った物件を取り扱っている不動産屋さんとは限りませんよね？」

たまっち「**大家さんが不動産屋さんにアポなし訪問するのは一般的**なことだから心配は要らないよ。それに、不動産屋さんにとっても、物件購入後の管理委託契約を取れれば、手数料を得られるビジネスチャンスでもある」

平太郎「なるほど、お客さんとして扱ってもらえるわけなのか」

たまっち「アポなしでOKとはいえ、突然の訪問に時間を取っていただくわけだから、謙虚な姿勢で訪問するのが礼儀だ」

平太郎「わかりました」

たまっち「僕も一緒について行くけど、基本は平太郎くんが頑張って話してみてね」

平太郎「頑張ります。それじゃあ、まずは都内でもよく見かけるような大手の不動産屋さんがあるので、ここに行ってみますね」

――まずは、1件目の不動産屋さんを訪問。40代くらいの担当者が対応してくれた。

平太郎「すみませーん、このエリアで収益物件を買おうと思ってる中野平太郎と申します（名刺を差し出し、スマホの物件資料を見せながら）この物件なんですけど、もし、いまの入居者さんが退去して御社で客付けお願いしたら、いまと同じ家賃で貸せそうですかね」

担当者「ああ、あのエリアですね。あのあたりは空き家が増えているんですよ。どの物件も家賃4万円台前半で募集していますが、苦戦していますよ。この物件はだいぶ古いし、家賃4万円が妥当じゃないですかね」

平太郎「ありがとうございます。勉強になりました！」

担当者「うちはこの駅周辺の物件も多く扱っているので、このあたりでもし購入するとなったら、ぜひ管理をお任せください」

平太郎「わかりました！　まだ検討中なのですが、もし購入できることになったら、ご連絡させてください」

――次は、地域密着型の老舗の不動産屋さんへ。

平太郎「すみませーん」

……………

平太郎「ありがとうございましたー」

――こうして不動産屋さん3店舗への飛び込み調査を終えると、時刻は11時になっていた。

たまっち「平太郎くん、スムーズにヒアリングができたね！」

平太郎「たまっちさんが横にいてくれたので、なんとかやりきれました」

たまっち「現地調査のときはどうなることかと思ったけど、不動産屋さんではバッチリだったね。初めてでここまで聞けたら上々だよ。で、意見を聞いてみて、どう感じた？」

平太郎「3店舗とも、金額の違いはあれど、退去したらいまの家賃で貸せる可能性は低い、という意見でしたよね」

たまっち「そうだね。**賃貸中の物件の場合、何年か前の相場で貸されてそのまま契約更新していることが多く、いまの相場に直すと下がる**ことが少なくないんだ。もし下がったとしても、十分に収益が出るか見極めることが大切だよ」
平太郎「退去したら直すのにお金もかかりそうだし、今回は見送りかな、と思いました」
たまっち「僕もそう思うよ。修繕まで含めて考えているのはグッドだね！　僕も過去に、退去による家賃下落と長期入居での部屋の荒れに伴う修繕の多額の出費というダブルパンチを食らったことがあるよ。特に**長期入居の場合は、退去した場合も修繕を多く見積もっておいたほうがいいだろう**」
平太郎「なかなか一筋縄ではいかないものですね。マイソクを見たときはいいなと思ったんだけど、実際に現地調査してみると、いろいろと問題点が見えてきました」
たまっち「そうだね。収益を上げられるいい物件には、そう簡単に出会えるものではないよ」
平太郎「夢までの道のりは長いなー。まあ、気長に構えることにします。それじゃあ、お腹《なか》もすいたので、お昼を食べに行きましょう！　この近くに、グルメドラマで紹介されていた昆布水つけ麺の美味しいお店があるはずなんです！」
たまっち「昆布水……つけ麺？」
平太郎「前から気になっていたお店なんです。これを楽しみに早起きしてきたんですよ〜！

早く並ばないと売り切れになっちゃうから、たまっちさんも急いでください！」

――ご当地グルメへの執着心は人一倍。その姿に驚くたまっちの腕を引っ張って、足取りも軽く歩いていく平太郎であった。

たまっちまとめ19

- **物件調査後は駅前の不動産屋さんでヒアリングを実施しよう**
- **主に「退去後の客付け」「退去後の家賃の目安」を確認しよう**
- **ヒアリングではほかの不動産屋さんで聞いた内容は伝えない**

ヒアリングする不動産屋さんは、有名な大手、昔からやってそうな地場不動産を織り交ぜてみるとバランスのよい意見がもらえます。

20 99%買えなくても現地に見に行く理由

――昼食後、平太郎とたまっちは引き続き活動を続行。こうして計3件の現地調査とヒアリングを終えると、時計の針は18時を示していた。

たまっち「平太郎くん、おつかれさま！　無事に3件やり抜いたね」

――笑顔で話しかけるたまっちとは対照的に、平太郎は落胆の様子が隠せない。

平太郎「今日のは3件とも購入見送りでしたよね。せっかく休みを使って遠くまで現地調査に来たのに……。なんだか休暇を無駄にした気分です。なんの成果も得られませんでした」

たまっち「たしかに今日は3件とも購入には値しない物件だったよね。でも、買えなかったことで落ち込む必要はまったくないんだ」

平太郎「どうしてですか？」

たまっち「不動産賃貸業で収益が上がる物件を買うのは簡単じゃない。最初にそれに当たるほど甘くはない。だけど、**『買えなかったけど現地調査した物件』の数が増えるほど、目が肥えてきているとも言えるんだ**」

平太郎「そうだったんだ。たまっちさんもたくさんの物件を見ているからこそ、いま、目の前にある物件が収益を上げてくれる『お宝物件』かどうかがわかるようになったってことですね」

たまっち「そうだよ。1件しか見ていない人は、その次の物件がいいかどうかわからないかもしれない。でも、100件見てきた人なら、過去の100件と比べてどうか、という視点で見ることができるから、より正確に判断できるようになるんだ」

平太郎「なるほど！　『買えなかった』と考えず、『見に行って経験値が上がった』とポジティブに考えるようにしようっと」

たまっち「おっ、その考え方、いいね！　平太郎くん」

平太郎「結果が出ていないように見えても、夢に向かって一歩ずつ確実に近づいているってことですよね。なんだかモチベーションが復活しました！　ありがとうございます！　来週末に向けて、また物件検索から頑張ります！」

●ある日の平太郎の休日　物件見学デビュー

7時	起床
7時30分	家を出る
9時	千葉県柏《かしわ》市某駅に着　1件目の物件を調査する
10時	駅前不動産屋さんのオープンに合わせてヒアリング開始
11時	地元で評判のラーメン屋さんでランチ
12時	2駅移動して2件目の物件調査
14時	不動産屋さんでヒアリング
15時	1駅移動　3件目の物件調査
16時30分	不動産屋さんでヒアリング

18時30分　帰りの電車に乗車
20時　スーパーで買い物&帰宅（現地で夕飯を食べるのもアリ）
20時30分　夕食&その日の振り返り

たまっちまとめ20

- **現地調査をして物件が買えなくても、まったく気にすることはない**
- **買えないのが当たり前であり、大事なのは継続すること**
- **現地調査では、ご当地ラーメンやスイーツなど小さなご褒美を用意して気分をアゲる**

現地調査でのモチベーションを上げるために、地元で評判のラーメン屋さんをリサーチしておいたり、地元で人気のカフェでスイーツを食べたりするなど、ご褒美イベントを自ら用意することで、活動を継続しやすくなります。

21 平太郎、物件に出会う

――たまっちの指導のもと、週末に物件見学に回る生活を3か月続けた平太郎。これまで現地で見る物件は崩壊寸前のボロ家、駅前に活気がなさすぎる、周囲が空き家だらけ、隣がゴミ屋敷で異臭を放っているなど、かなりクセが強い物件ばかり。安かろう悪かろうという、資本主義のルールを目の当たりにする。それでも心を折らずに調査を続けた平太郎は、ついに「これは！」という物件を見つけることができた。

●平太郎が見つけた物件のスペック

販売価格	320万円
場所	北関東のJR駅から徒歩15分

家賃	3・5万円
表面利回り	13％
築年数	40年
間取り	平屋の2DK（40㎡）
備考	駐車場なし。オーナーチェンジ物件

平太郎「たまっちさん、この物件はどうでしょう？　1都3県（東京、神奈川、千葉、埼玉）でなかなか理想の物件が出ないので、**検索エリアを北関東（茨城、栃木、群馬）まで広げて**みたんですけど」

たまっち「このエリアは僕の知り合いの大家さんも物件を持っているけど、周辺に工場が多くて賃貸需要は十分にある。退去しても近隣の月極《つきぎめ》駐車場を借りられるならいいんじゃないかな」

平太郎「そう言ってもらえると心強いです。不動産屋さんに連絡してみますね」

たまっち「頑張って！」

平太郎「あっ、もしもし。先日、〇〇市の戸建物件の資料請求をした中野平太郎といいます。この前、機会があって物件の外観を見させてもらったんですけど、とてもいい物件だったので前向きに購入を検討してまして、はい、ぜひ一度現地でお会いできますか。でしたら、〇日だったら……」

――その週の土曜日、北関東某市。平太郎は現地で仲介担当者と落ち合う。

平太郎「メールでも質問したんですけど、雨漏りや水回りのクレームは出てそうですか?」

仲介「確認しましたが、10年前に外壁塗装を行ってて、特に問題はないようです。将来的にもし雨漏りが発生しても平屋物件なので足場を組まないで直せるんじゃないかと」

平太郎「わかりました。ちなみに入居者さんに退去予定はありそうですか?」

仲介「こちらも売主さん側の業者に聞いてみましたが、60代のご夫婦が終《つい》の棲家《すみか》として住まわれてるので、長く住んでくれそうですよ」

平太郎「ありがとうございます。帰って検討します」

たまっちまとめ21

- 初回調査で気に入ったら、2回目は不動産屋さんと訪問
- 2回目の訪問では、「修繕の希望やクレーム」「退去の予定」を確認
- 気になることはすべて現地で不動産屋さんに質問しよう

1回目の現地調査や駅前の不動産屋さんヒアリングで感じた疑問点をリストにしておくとよりスムーズです。物件見学後、その場で「購入申込書」の提出を求められるケースもありますが、悩む場合は持ち帰って検討しましょう。

22 不動産は価格交渉も可能。積極的にやってみよう

――その日の夜、平太郎はたまっちに連絡を入れる。

平太郎「たまっちさん、先日話した平屋物件、今日、不動産屋さんと2回目の現地調査に行ってきました」

たまっち「あの北関東の物件だね」

平太郎「はい。築年数が古くて駐車場がないから、安く売りに出ていました。でも、外壁はリフォームが最近完了しています。入居者さんは年配のご夫婦で、丁寧に住んでる感じがしました。いままでの物件だと、僕だったら住むのに抵抗感がある物件だったけど、なんか今回のは普通に住めそうな物件って感じました！」

たまっち「客観的な評価とともに『自分でも住めそう』という視点は、今回はプラスに働きそうだね。**自分の好みに振り回されると、事業として適切な判断がブレることもあるので、**その点は気をつけてね！」

平太郎「いままでかなりクセが強い物件ばかり見てきたので、ようやくこの物件に出会えて、僕はいま、モーレツに感動してます！」

たまっち「物件価格は320万円で利回り13％か。いまのままの値段で購入するのも悪くないけど、せっかくだから指値《さしね》による価格交渉をやってみてはどうかな？　たとえば物件価格を40万円値下げしてもらえたら利回り15％になるよ」

平太郎「えっ!?　不動産って値引きしてもらえるんですか？」

たまっち「いま売りに出ている価格は、あくまで売主の希望価格にすぎないからね。不動産**取引では希望購入価格を伝えて交渉して、価格を下げてもらうのは普通のことなんだ**」

平太郎「でも、『値下げしてください』って失礼なんじゃないですか？　怒られたりしませんか？」

たまっち「交渉自体は失礼なことじゃないよ。だけど、さすがに突然、『半額にしてください！』とかは失礼にあたるね。逆に1割程度の値下げなら検討してもらえる可能性は高い。このあたりは不動産屋さんに事前に感触を確かめてもらうといいだろう。もし交渉して40万円の値下げに成功すれば、家賃約1年分の額に相当するわけだから、やってみる価値はあるよ」

平太郎「家賃約1年分と考えたらかなり大きいですよね。でも、交渉ってどんな感じでやるんですか？」

たまっち「不動産屋さんからもらった**『購入申込書』に自分の希望価格を記入し、その金額の根拠を一言添えて提出するんだ**」

平太郎「僕、購入申込書の用紙を持ち帰ってますよ」

たまっち「ちなみに、あえて希望価格『280万円』より下の『250万円』や『200万円』で指値を入れてから価格交渉する方法もあるんだけど……」

平太郎「駆け引きですね……。うーん、そういう交渉テクニックを駆使したほうがいいんでしょうか？」

たまっち「僕のおすすめはズバリ、希望価格『280万円』を直球で伝えること。そのほうが不動産屋さんにも正直に映るし、何かと得することが多いんだ。ここで大事なのは自分が

●購入申込書のイメージ

不動産買付証明書

売主様　　　　　　　　　　　　　　　　　　　　　　令和○年○月○日

田中　太郎
住所　東京都○○区○○1-1-1-101
TEL　000-0000-0000

今般、下記表示不動産を下記条件にて購入したく、本書をもちましてお願い申し上げます。

記

1. 購入価格　　000万円(税込)
2. 手付金　　　000　万円

3. その他条件　ローン特約　あり
　　　　　　　　詳細資料の明示特約　あり

4. 本買付証明書の有効期限
　　　　　　　　令和○年○月○日

不動産の表示

土地
〈所在〉　○○県○○市○○1-1-1
〈面積合計〉　000.00平米

建物
〈所在〉　○○県○○市○○1-1-1
〈面積合計〉　000.00平米

何卒、ご検討のほど、どうぞよろしくお願いいたします。　　　　以上

購入申込書は、買付証明書と呼ばれることも。法的拘束力はないものの、記載する内容は契約条件の前提になるため、内容はしっかり検討した上で提出しよう。

物件のどこを気に入っているのか、買いたい熱意を伝えることだ」

平太郎「希望価格を280万円と書いた購入申込書を仲介の不動産会社さんにメールしました！」

たまっち「あとは、先方の回答が来るまでしばし待とう。その間もいままで通り現地調査は続けておくんだ。そして、**以前に出した購入申込書のことは忘れるくらいの気持ちで**いて構わないよ」

平太郎「でも、それでもっといい物件が見つかったらどうするんですか？」

たまっち「そのときは、すぐに『いつごろ返答がもらえるか』を確認するんだ。こうすることで、先方にほかの物件を検討していることが伝わり、ある種のプレッシャーになる」

平太郎「そうなんですか！　それなら、次の物件探しもガンガン進めちゃいます」

たまっち「購入申込書に法的拘束力はないけど、特に理由もなく『やっぱり買うのやめます』という態度は信頼を失うから、断ることになった場合は誠実に対応する必要があるよ」

たまっちまとめ22

- 不動産の表示価格は参考程度に見よう。希望価格を提示しての交渉が可能
- とはいえ極端な値引きは非常識なので注意。10％程度なら検討してもらえる
- 購入申込書は不動産屋さんからもらうか、ほかの人が使っているものを参考に。インターネット上にも無料で使えるものがある

購入申し込みに法的拘束力はありませんが、気軽にキャンセルをするのは信頼関係にヒビが入る行為です。責任を持って購入申し込みを入れて誠実な取引を心がけましょう。

23

平太郎、「たまっちザオラル」で一発逆転なるか

――平太郎が初めての購入申込書を提出してから数日後。

平太郎「ダメでした。売主さん、280万円では売りたくないみたいですー（泣）」

たまっち「そうか。でも、気にしなくて大丈夫。いい物件はまた見つかるよ」

――このとき、たまっちのメガネが鋭い光を放ったことに平太郎が気づくことはなかった。それから1か月後。

たまっちのスマホ「ピコーン！」

たまっち「たまっちアラーム（カレンダーのリマインダー）が発動したな。先月、平太郎くんが購入申し込みをした物件は……、いまもインターネットに残ったままだ。やはり駐車場がない点をほかの投資家は敬遠しているのかもしれない」

――アズマベーカリーで平太郎の相談に乗っているたまっち。あれ以来、平太郎はめぼしい物件を見つけることはできていないらしい。

たまっち「平太郎くん、1か月前に買付を入れた北関東の平屋、覚えてるかい？」

平太郎「もちろんですよ。280万円で指値して断られたやつですよね」

たまっち「いまでもインターネットに掲載されてるから、ほかの投資家からは買いが入らなかった可能性が高い。もしかしたら、いまなら売主も弱気になって『こんなことなら、あのとき280万円で売っておけばよかった』と思っているかもしれない。さあ、いまこそ『奥義・たまっちザオラル』を発動だ！」

＊説明しよう。「ザオラル」とは、たまっちが子どものころから大人気のロールプレイングゲーム「ドラゴンクエスト」の呪文の一種。戦闘で死亡した仲間を約50％の確率で生き返らせられる。そこから転じて、「たまっちザオラル」は**一度金額交渉に失敗した物件に1～3か月ごとに連絡を入れて、当時の金額で買えないか確認する作業**のことを指す。50％とまでは言えないが、まれに成功する場合があるたまっちの裏技だ！　忘れたころに発動すると、意外とうまくいくことがあるぞ！

平太郎「……技名はダサいけど、要は、もう一度、不動産屋さんに確かめればいいんですね」

――数日後。

平太郎「たまっちさん、もう一度聞いてみたら、280万円で売ってもらえることになりました！　『たまっちザオラル』成功です！」

たまっち「一度断られた買付でも、時間が経過したことで売主に心変わりが生まれることはよくあるんだ。ほかの申し込みが1件もなかったり、あったとしても280万円より低い希望額ばかりだったりしたら、平太郎くんが出したオファーが魅力的に映るようになる」

平太郎「たまっちザオラル、侮りがたし！」

たまっちまとめ23

●買付を断られた物件が、その後も売り出し中ならば再打診をする

●時間経過で売主の心境に変化が生まれている場合がある

平太郎くんが280万円で指値を入れた物件は、ほかの投資家が200万円で指値を入れていたそうです。その結果、売主にとって平太郎くんのオファーが魅力的なものだったと映ったようですね。

24 ドキドキ！ 初めての不動産購入

――よく晴れた朝。いつものベーカリーカフェで、平太郎はキーマカレーパンを食べながら向かいに座るたまっちに質問する。

平太郎「買付が通ったので、いよいよ不動産を購入することになりました。でも、どんなことをするのか全然わからないです」

たまっち「不動産売買は『契約』と『決済』の2回に分けて行われる。**『契約』はいわば物件購入の約束のようなもので、『決済』は実際にお金を受け渡す感じだね**」

平太郎「まずは契約なんですね。契約で注意することはありますか？」

たまっち「書面で売買条件を確認するんだ。条件や売買金額が事前に聞いていた情報と一致しているか、住所が正しく記載されるか、建物の広さの情報にズレがないかなどを確認する。余裕があれば先輩大家さんに目を通してもらうのもいいだろう。契約内容に問題がなければ手付金を支払う」

平太郎「手付金って、いくらくらい払えばいいんですか？」

たまっち「明確な決まりはないけど、一般的に物件価格の5～10％程度とされている。平太郎くんの物件であれば15万～30万円くらいが妥当な金額だね。払った手付金は決済時に売買代金に充当されるが、もしこちらが契約後に買う意思を撤回した場合、払った30万円は手放すことになる」

平太郎「30万円が無駄になるなんて嫌すぎる！　逆に相手が断ったらどうなるんです？」

たまっち「売主がキャンセルしたら手付金が『倍返し』、つまり60万円になって戻ってくるよ。要は、双方ペナルティーがあるので、安易に契約は破棄できないんだ」

平太郎「倍返し……ドラマで聞いたことある言葉だけど、不動産取引でも使われるんですね！」

——手付金は協議の結果、約10%の30万円と決まった。その週の土曜日、平太郎は30万円を握りしめて物件を仲介してくれた都内不動産屋さんに向かった。

平太郎（手数料がかからない平日に30万円を下ろしておいてよかった！　だけど大金を持って移動するのって、落ち着かないなあ。街ゆく人々に僕のお金を略奪されたらって考えると、なんだかソワソワしちゃうよ）

たまっち解説　契約の流れ

無事に不動産売買契約にこぎ着けた平太郎くんが、このあと、どんな流れで契約を進めるのか解説します。

●契約書の確認とサイン

前日までに書面案を確認しておくことが大前提。合意した契約書の書面を確認し、条件の相違がないかチェックします。内容に問題がなければサインをします。

●手付金の支払い

手付金(平太郎の場合、30万円)を仲介担当の不動産会社に預けます。この際、手付金を預けたことを示す「預かり証」をこの不動産会社から受け取ります。このお金は売買代金に含まれます。

これで契約は完了です。次に決済までに平太郎くんがどんなことをやったのか、リスト化して解説するので、読者のみなさんもぜひ参考にしてください。

たまっち解説　決済までにやることリスト

●実印の用意

印鑑登録を済ませた「実印」を準備しておきましょう。契約時のハンコは認印でもOKですが、決済では必ず「実印」が必要となります。実印自体はネット通販で3000円程度で購入可能。印鑑登録がまだの人は、事前に印鑑登録を済ませておきましょう。

●司法書士の決定

不動産の所有権移転登記は、自分で行うことも可能ですが、初めてのことでもあり、複雑な手続きが必要なため、間違いがないように司法書士に依頼をするのがいいでしょう。平太郎くんの場合は、特にコネもないので仲介会社に紹介してもらった司法書士にお願いしています。

●管理会社の決定

平太郎くんの物件の売主は地元の高齢者で、物件を自主管理をしていました。会社員である平太郎くんのように、平日日中に入居者からの問い合わせ対応が難しい場合、管理会社に業務を委託することができます。

今回の場合、物件を紹介してくれた仲介会社では管理業務は一切行っていなかったため、平太郎くんは物件調査時にヒアリングした不動産屋さんのなかで一番親身に対応してくれたA社に管理をお願いし、引き受けてもらうことになりました。

これにより管理会社が手数料を引いた家賃を、平太郎くんの口座に振り込むことになります。

たまっち「管理業務は入居者とのやりとりの1次窓口となり、家賃の収納や現場の実務を担ってくれるんだ。**管理料として家賃の5％程度**（今回の物件であれば月額1700円程度）がかかるけど、日中の対応が難しいサラリーマン大家には、とても助かるシステムだ」

平太郎「往復の電車賃で2000円くらいかかる場所なので、管理は地元の業者さんにお任せしたほうがいいですね」

25 ついに決済。平太郎、大家になる

――水曜日の22時。平太郎は万感の思いを込めてSNS（ソーシャル・ネットワーキング・サービス）でメッセージを送信する。相手はたまっちだ。

平太郎「いよいよ明日は決済です」

たまっち「おめでとう。準備はできているかな？」

平太郎「はい。契約のときは土曜日でよかったけど、決済は平日じゃないとダメなんですね。明日のために有休申請しました」

たまっち「決済後は速やかに法務局で所有権移転の登記をする必要があるから、基本的には法務局が開いている平日の日中に行うんだ。ちなみに決済場所はどこになった？」

平太郎「売主さんが高齢で地元の方なので、管理をお願いするA社の応接室ですることになりました」

たまっち「**融資を使わない決済なので、仲介会社や管理会社の事務所で行うのが一般的だ。**決済の流れは把握できているかな？」

平太郎「今回は、僕が銀行のスマホアプリを使って残代金を振り込み、それを売主さんが駅前の銀行で記帳して確認するということになっています」

たまっち「銀行のスマホアプリの振込上限額は大丈夫？」

平太郎「こんな大金を振り込むのは初めてなので、事前に確認しました。振込上限額の設定も変更してあります！」

たまっち「明日の準備もバッチリなようだね。平太郎くんの健闘を祈っているよ！」

平太郎「ドキドキして眠れないですが……寝坊しないように早く寝ます！」

——翌日、午前11時。北関東某駅に買主（平太郎）、売主（高齢の男性）、買主側仲介、売主側仲介、司法書士の5者がそろい、地元の不動産会社A社で決済が行われた。

たまっち解説

かかった諸費用はいくら？

平太郎くんは無事に決済することができました。すでに手付金30万円を支払っているので、物件の残代金は250万円。しかし、それ以外に決済時には諸費用が発生するので、それぞれの費用の目安について解説します。

●仲介手数料　約14万円

〈仲介手数料の上限〉

売買金額200万円以下の場合▼売買価格×5％＋消費税

売買金額200万円超～400万円以下の場合▼売買価格×4％＋2万円＋消費税

売買金額400万円超の場合▼売買価格×3％＋6万円＋消費税

今回の場合は物件価格の4％＋2万円＋消費税で約14万円となります。法律で決まっている上限額を支払うことが多いです。

●司法書士に報酬と登記料　約5万円

司法書士への支払額には実費と報酬が含まれます。今回は、仲介会社が懇意にしている司法書士が良心的な価格で引き受けてくれました。

●固定資産税の日割り精算　約6000円

今回の物件は築年数が古く敷地も狭いので、固定資産税は比較的安いです。その年の固定資産税はすでに売主が納税済みなので、決済日を基準に日割り精算します。逆に当月家賃は日割り精算して売主が買主に支払います。

合計すると、平太郎くんは決済時の諸費用として約20万円を払うことになります。一般的には物件価格の8～10％程度の経費がかかると見ておけば安心でしょう。ちなみに、不動産を購入時に課される『不動産取得税』は3か月～1年の間に納税通知書が届くので、忘れずに納税しましょう。

――その2日後の朝、アズマベーカリーで読書とパン、コーヒーを楽しむたまっちのもとに平太郎がやってきた。

平太郎「たまっちさん、僕もようやく大家さんになれました」
たまっち「おめでとう。いままでの努力が実を結んだね」
平太郎「家から比較的近い1都3県で探したのですが、なかなか物件が見つからなくて苦労しました。遠方の北関東までエリアを広げてみたら、今回の物件に出合えたんです。**実際に現地を見に行くとエリアによっては賃貸需要が十分にあるんだなって感じました**」
たまっち「いろんな場所に足を運んで、賃貸需要を肌で感じることできているみたいだね」
平太郎「物件を購入したので、これからは胸を張って大家の会に参加できるようになります！」
たまっち「努力によって0→1という大きな一歩を達成できたのは素晴らしい。だけど、平太郎くんの闘いはまだ始まったばかりだということを忘れてはいけないよ。毎月3万円の家賃収入はうれしいけど、言ってみれば、まだお小遣いレベル。人生が変わるレベルじゃないよね」

平太郎「そうでした。最初に設定した僕の理想の生活には、月80万円の収入が必要なんでした」

たまっち「ともあれ**物件検索から始めて物件取得まで経験したことは、大きな財産**になるよ。そして次の物件探しは小ぶりのアパートがターゲットになる。そして、ここからが不動産投資家としての本番でもあるんだ。格段に難しくなるけど、ついてきてほしい」

平太郎「はい！」

――そして、そんな平太郎の成長に気づいているのは、たまっちだけではなかった。

こむぎ「あの……もしよかったら、これ、サービスさせてください。試作のタルトです」

平太郎「えっ、いいんですか！　フルーツがたくさん載ってて豪華だなあ！」

こむぎ「たまっちさんも、ぜひ」

たまっち「ありがとう！」

平太郎「いやー、こむぎちゃんのスイーツは絶品だな〜！　癒やされる〜！」

こむぎ（……平太郎さん、いつも頑張ってるんだな）

平太郎の現在の月額家賃収入

約3・3万円　自己資金50万円

たまっちさんのサポートもありなんとか希望額280万円で戸建を購入…！
うおおお ついに物件購入… 大家デビューだーっ!!
おめでとう〜っ
パチパチ
パチ!!
ここまでいろんな苦労がありました…
いいなと思ったら風呂ガムテ物件…
ガムテープ!
現地に行ったら屋根がない…
えっ
?
売主に値段で断られる!!
NO!
ガーン
でもまあ…どうにかなりますね
でしょー?
ありがたいことに家賃収入 月3万円になりましたーっ!
でも日々の休み時間は物件調査… 休日は現地調査…
ポチ
ポチ
なかなか大変
いやー 充実しててすっごい楽しいねーっ
えっ

COLUMN 2

普通のサラリーマンがFIREを実現するまで

たまっちのこれまでのお話

僕は埼玉県の小さな街で4人きょうだいの一番上として育ちました。小学校時代は野球、中学校、高校は卓球に打ち込む運動少年。高校は第一志望の県立男子校に進学できたものの、大学受験では第1志望の公立大学の受験に失敗しました（本番に弱いところが露呈。笑）。第2志望の私立大学に進学し、大学ではマスメディアについて学べるジャーナリズム専攻の学科で学びました。

就職先は、小さいころから顧客として使っていた教育サービスを提供する会社で編集の仕事をすることを志望しました。でも、折からの不況での高倍率化もあり、不採用。その他メディア企業を中心に就職活動をして、大手新聞社への記者としての入社が決まりました。記者の仕事はやりがいはありましたが、長時間・不規則・ハイプレッシャーな仕事に慣れることができず、転職を決意しました。景気の回復で中途採用市場の拡大が追い風になり、就職活動で第一志望していた教育サービス会社に転職することができました。

プライベートでは、29歳で結婚。しかし、ここから試練が訪れます。事前のすり合わせが不十分だったのか、金銭的な価値観が合わないことがはっきりしてきました。また、僕自身の性格的に、弱い部分を見せられない、苦手なことやできないことを正直に言えないというところがあり、信頼を失うことが多く出てきました。結果的に2年後に離婚。「正直に、素直に、つくろわない振る舞いをしないと本当の意味で信頼されないし、愛されない」ということを学びました。

大きな挫折となった結婚生活でしたが、収穫もありました。それが、不動産との出合いです。都内のよい立地の場所に自宅を買うことを検討したときに初めて「不動産って、こんなに高いものなのか！」と驚き、とても給料でローンを返済することなど考えられない、と思いました。そんななかで賃貸併用住宅（所有者の住まいと賃貸物件を同じ建物内に作り、家賃収入を得てローン返済に充てるスタイルの住宅）の存在を知り、それをきっかけに不動産投資を検討するようになりました。

会社の業績が厳しくなったり、同僚がストレスなどで休むようになったりしてきて、サラリーマン収入だけで生活するリスクに気づいたこともあり、離婚前後から不動産投資を始めることを決意。30歳ごろからブログや書籍、セミナーやイベントで勉強を始めました。ためになった部分をノートに書き写し、繰り返し読むことで、不動産投資の基礎知識を頭に入れていくようにしました。スクールにも通い、網羅的な知識も得て、本気で不動産投資を始める準備を進めました。その後、自宅マンションを購入。「空室のない不動産投資」という感覚で、不動産の情報収集、現地調査、価格交渉、融資づけ、購入の一連の流れを経験できました。

その後は、投資用物件の購入に進み、最初は賃貸中（オーナーチェンジ）の戸建を購入することにしました。土地の価値が評価されやすく、少額・借り入れなしでも購入できる「戸建」、不動産投資で難度が高い入居募集をしなくても家賃収入が入ってくる「賃貸中」という条件にこだわりました。千葉県内、ターミナル駅からのバスアクセス可能、利回り（収益性の高さを示す数値）20%という物件を購入できました。こちらは購入から12年経っいまでも同じ賃料で貸せています。

不動産賃貸業をやっていくことに自信を持てたことから、規模を拡大するため、一棟物件の購入をめざすことになりました。アパートとマンションの両方を視野に入れて、自宅から近い1都3県の物件を探しましたが、利回りが希望水準に達しないものばかりでした。そんなときにご縁のあった不動産会社さんから紹介されたのが、利回りが12％以上、築25年、戸数40戸（うち空室約10戸）の京都市にあるRC造の一棟マンションでした。価格が約2億円と大規模でしたが、金融機関のめどが立ったこともあり、購入に踏み切ることにしました。２０１２年、僕が32歳のときのことです。このときの決断が、結果的にいまの生活につながっています。あのときの自分を褒めてあげたいです。

購入した以上は、安定した経営、返済をするためにも満室をめざさなくてはなりません。出張などの機会を活用し、毎月のように京都を訪問。空き部屋の修繕やクリーニング、飾りつけなどを行い、管理担当の会社との連携も密にしました。その甲斐《かい》あってか、お風呂と洗面台、トイレが一緒になった不人気の3点ユニットという悪条件にも負けず、1年あまりで満室を実現できました。

京都物件の運営が安定してきたころ、よいご縁があり、再婚。手狭になった自宅から、新たな部屋に引っ越すことになりました。そちらもマイホームローンを組むことにしたのですが、ここで追い風が吹きました。ローン審査の際に金融機関に確定申告書を提出したところ、京都物件の借り入れの借り換えを提案され、最終的に金利の大幅引き下げに成功できました。これも満室経営を実現できていたからだと思っています。

財務状況が改善したこともあり、サラリーマン収入を超えるキャッシュフロー（手残り）を得られるようになりました。そんななか、勤務先の辞令で自分の希望に沿わないものが発令されたため、1日考えた末、辞表を提出。2016年5月をもってサラリーマンを卒業しました。その次の日から、人生が180度変わったような感覚があります。好きな時間に、好きな人と、好きなことをしていい。そんな環境を手にできたことをこの上なく幸せに思いました。その後は貯まってきたお金を戸建購入に充て、確実に家賃収入を増やしていきました（＊ここまでの話のより詳しい内容は、前著『不動産投資でハッピーリタイアした元サラリーマンたちのリアルな話』に譲ります。興味のある方は、ぜひお読みください）。

独立したらやってみたかったことのひとつに、情報発信があります。自分の本を出版したり、講演活動をしたり、ラジオのパーソナリティーをやってみたいと思っていました。出版や講演の希望が叶ったほか、「Ｖｏｉｃｙ」のパーソナリティーに就任することもできました。

情報発信を始めたことで、僕の価値観に共感してくれる仲間が増えました。セミナーに来てくれたり、ＳＮＳなどでつながったりしてくれて、僕を励ましてくれています。そんな仲間が全国にいることが、僕の発信のモチベーションになっています。

いわゆるＦＩＲＥ（当時はリタイアと言われていました）を実現した僕ですが、事業や投資のほうでは、失敗も多くありました。戸建や区分マンション投資で思うような収益が上げられず損切りを繰り返したり、高い利回りに惹かれて事業に投資したもののお金が返ってこなくなったりといったことも一度や二度ではありません。この挫折から、「他人にお金を預けるだけで自らコントロールできない投資や事業はやってはいけない」「順調にいっているときほど、調子に乗ってはいけない」「もくろみが外れたと思ったら、一刻も早く損失を確定させて、損切りすることがもっとも重要」といった大切なことを、身をもって学びました。失敗の詳細が聞きたい方は、直接会ったときにこっそり聞いてください（笑）。

そんなトラブルがありながらも、不動産事業は物件を入れ替えながら規模拡大してきました。独立後は、高利回りのアパート経営にも挑戦。入居募集が困難と思われる地域にも積極的に物件を購入し、すべて満室経営を実現してきました。退職直後と比べて、現在の事業規模は1・5倍、家賃収入と手残りは2倍に増やすことができています。

STEP 2

2棟目

小ぶりなアパートを狙おう

26 自己資金がない時期も物件は探すべき?

――月曜朝のアズマベーカリー。平太郎とたまっちはコーヒーで祝杯を上げていた。

平太郎「たまっちさん、先日初めて家賃が入金されました!」

たまっち「よかったね! いま、どんな気持ちだい?」

平太郎「たった3万円だけど、大家さんになった実感が持てました。うれしい気持ちはもちろんありますが、これは千里の道の一歩にすぎない。今後はもっと増やしていきたいとファイトが湧いてきました!」

たまっち「それはいいね! 人によっては、物件を所有することで『もし退去したらどうしよう』『もし建物が壊れて修繕費用がたくさんかかったらどうしよう』と不安な気持ちが大きくなる人もいる。そういう人は無理せず、いったん落ち着いてもいいんだ」

平太郎「なるほど。賃貸経営は長く続くものだから、**実際にやってみてメンタル面での自分との相性を確認することも重要**なんですね」

たまっち「その通り。特にサラリーマンをしながらだと、本業のパフォーマンスに影響する恐れもある。雇われの身とは違って賃貸経営は全責任を自分で負わないといけないから、メンタル面の強さや慣れも必要なんだ」

平太郎「僕のなかのリトル平太郎が『もっと増やすべきだ』と囁《ささや》いてます。世界中で好きなときにソロキャンプを楽しんでる自分を想像すると、ワクワクします！」

――そのとき、レンズ越しにたまっちの眼光が鋭く光る。

たまっち「ようし、その調子だ！　それならいまは一息ついてるタイミングじゃないよ。さっそく今日から2棟目の物件探しを始めよう」

平太郎「ひえー！　厳しいっ！　『スパルたまっち』（＊）じゃないですか（泣）。でも僕、物

（＊）スパルたまっち：古代ギリシヤの代表的都市国家「スパルタ」のように手厳しいことを表現。たまっちは、不動産のことになると驚くほどにストイックな一面を見せるのだ

件を買ったばかりで残りの貯金は50万円しかないですよ……」

たまっち「最初の物件探しでわかっただろうけど、探し始めてすぐに買うべき物件が見つかるわけじゃないからね。いままで通り貯金をしながら物件を探すイメージだよ」

平太郎「そうか。僕、最初の物件買うまでに4か月かかってるんでした」

たまっち「気を緩めずに節約と貯金に励んで、家賃収入も手をつけずに購入資金に回す。そうやって自己資金の回復に努めるんだ。ロールプレイングゲームでいうなら、小ボスを倒したあとは体力回復に努めて、その次の旅に向けた準備を進めるようなものだ」

平太郎「なるほど！　次の旅が始まるんですね！　たしかに家賃収入がある分、いままでより貯金も増えやすくなります。それでも、アパートの購入代金を貯めるにはめちゃくちゃ時間がかかりそうです……」

たまっち「そうだね。だから2棟目の物件ではポータルサイトでの検索に加えて、大事なことがある。それは**『自分が金融機関からいくら借りられるか』を把握すること**なんだ」

平太郎「いよいよ融資を使うわけですね。以前にたまっちさんの説明を聞いてから、借金への抵抗感はだいぶなくなりました。借金をしてもちゃんとした資産を買えば、毎月の返済は給料ではなく家賃から払われるし、いざとなったら物件売却で借金は返せるんですよね」

たまっち「その通り。いくら借りられるかは、その人の年収、預貯金、借金の状況によって変わってくる。**収益物件を取り扱う不動産会社の営業担当と面談して聞き出す**のがいいだろう」

平太郎「あれっ？　そういうのって、銀行に聞くんじゃないんですか？」

たまっち「それだとその銀行のルールのみで判断されるけど、不動産屋さんは複数の銀行のルールを熟知していて、これまでに売買を成立させてきたデータの蓄積がある。たくさんのサラリーマン不動産投資家（経営者）と付き合いがあるので、平太郎くんと似た属性の人がどの金融機関からいくら借りられたかも把握している可能性が高い」

平太郎「なるほど。資料請求時に面談も申し込むようにします」

たまっち「いまは担当者との面談はオンラインでもできるので、平日の仕事終わりでも負担にならないよ」

たまっちまとめ26

- ●1棟目の戸建が買えたら、すぐに2棟目のアパート探しを開始する
- ●次の物件を探している間に自己資金（頭金）を貯める
- ●2棟目からは融資が前提となるので、あらかじめ自分がいくら借りられるかを不動産会社に聞いてみる

1棟目の戸建購入後は、どんな気持ちになったかを大切にしてください。「もっと増やしたい」と思えば次に進めばいいし、「経営がうまくいくか不安で夜も眠れない……」という気持ちになったなら、いったん落ち着いても大丈夫ですよ。

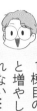

27 小さなアパートにこだわる理由

――平太郎は複数の不動産会社と面談を行い、自分がいくら借りられるのかたずねた。結果、各社で多少見解は異なるが、おおむね８０００万円程度借りられると判明した。

平太郎「僕って、こんなにお金借りられるんだ、とびっくりしました」

たまっち「平太郎くんは新卒で入った会社で勤続10年以上の実績があるから、それだけの信用があるんだよ。だけど、８０００万円借りられるからと言って、いきなり８０００万円の不動産を買うのはおすすめしない」

平太郎「大きい物件を買ったほうが、その分、家賃収入も増えて運営が安定するって言ってる大家さんもいましたよ」

たまっち「うまくいけばその通りだけど、失敗する可能性もあるからね。僕が相談を受ける例では、借りられる限りの大きな物件を購入したけど、利回りが低くて、満室経営できていても手元に残るお金がすごく少ない、というパターンがとても多いんだ」

平太郎「どうしてそんなふうになってしまうんですか？」

たまっち「それは、自分の『軸』を持っていないからだ」

平太郎「『軸』ですか？」

たまっち「不動産賃貸業を通して、どうなりたいのか、そのために、どう買い進めればいいいかを定めず、ロードマップがないまま漠然と買い進めてしまうんだ」

平太郎「僕もたまっちさんに言われて、最初にいつまでにどうなりたいかを徹底的に考えました」

たまっち「そう。**理想や目標が決まっているから、そこに至るロードマップが定まる。**それがないと、不動産会社の営業担当者にすすめられるまま、借りられる範囲でもっとも大きな規模の物件を購入し、大してお金が残らなかった、という結果に陥ってしまいがちなんだ」

平太郎「1回ダメな物件を買ってしまったら、そこから挽回《ばんかい》するのは難しそうですよね」

たまっち「それに大きな物件で失敗すると、多額の損失が出てしまい、次に行けなくなってしまう。**小さい物件なら失敗したとしても傷は浅い。**たとえば2億円の物件と2000万円の物件で比較すると、失敗して撤退時に1割引きで売る必要があった場合、それぞれの損失は2000万円と200万円となる」

平太郎「2000万円ならなんとか返せそうな気がするけど、2000万円だったら返すのは相当大変ですよね……（ガクガクブルブル）」

たまっち「だから小さく始めることを推奨してるんだ。そんなことを言いながら余談になるんだけど、僕は2棟目で約2億円のRC物件を買っている」

平太郎「2億円……！　ひえーっ、たまっちさん、すごいなあ……」

たまっち「当時の時代背景、運やタイミング、周りのサポートに支えられて結果的にうまくいったからよかったものの、かなりリスキーなやり方だったと思う。いまは物件価格が上昇しがちな時代だからなおさらのこと。焦らず、徐々に規模拡大することを強くおすすめするよ」

たまっちまとめ27

- 2棟目で狙うべきは2000万円以下の小さなアパート
- 最悪の場合、撤退も想定して傷が浅く済む小さな物件を狙う
- 自分が借りられる金額マックスの物件を買う行為はハイリスク

不動産賃貸業を10年以上やってきて思うのは「大きく負けないことが大事」だということです。特に開始直後は知識や経験が少なく、失敗確率が高いので「最悪でもこの程度の損失で済む」というダメージコントロールを意識してくださいね。

28

2棟目物件探しのチェックリスト

――間髪をいれずに2棟目を探し始めることにした平太郎は、こむぎの新作商品「パン・オ・ショコラ」を頬張りながら、たまっちに物件探しの注意点をたずねていた。

平太郎「たまっちさん、アパート探しでは何に注意すればいいんでしょう？」

たまっち「**基本的な探し方は戸建のときと変わらないよ。**探す物件種別が『アパート』になって、価格帯が2000万円以下、利回り13％以上で検索して利回りが高い順にチェックする感じだね」

平太郎「それで、気になる物件は資料請求して、週末になったら現地に確認に行く。この繰り返しってことですね」

たまっち「そうだね。簡単ではないが、最終的には利回り15%程度を狙っていきたいところ。以下にチェックリストを用意したので役立ててほしい」

平太郎「おさらいも兼ねて、チェックしてみます！」

1 ファーストチェック

- ☑ 1回目はひとりで訪問。
- ☑ 物件の周辺環境を確認。一般的に忌み嫌われる施設が周辺にないか。日当たりや臭い、騒音など現地に行かなくてはわからない情報もあわせてチェックしておく。
- ☑ 見た目からわかる建物の不具合がないかを確認。屋根、壁などに破損などがないか、わかる範囲で見ておく。
- ☑ 不動産会社からレントロール(入居者表)が手に入っている場合は、それと照らし合わせて入居状況を確認する。レントロールとの情報のズレがある場合は、必要に応じて、あとで不動産会社の営業担当者に問い合わせる。

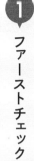

☑ 共有部の管理状況を確認。郵便受けや廊下にゴミが散乱していないか、入居者の生活が荒れている様子はないか。

☑ 周辺の似たような物件の稼働状況を最低3件は確認する。周囲のライバル物件の入居状況から賃貸需要を推測する（購入検討物件に空室が多い物件でも、周囲が満室であれば現オーナーにやる気がないだけの可能性も。その逆もある）。

☑ 現地を確認したら駅前の不動産屋さん3店舗に、この物件の家賃設定が妥当かどうか、再募集の際の入居決定の見込みなどをヒアリングする。

2 セカンドチェック

☑ ファーストチェックで問題なければ、不動産屋さんと一緒に2回目の現地訪問をする。その際、空き部屋があれば、なかを見せてもらう。

☑ 空室は室内の状態を確認してクリーニングだけで貸せるか、設備を直す必要があるかを把握する。リフォームを要する状態であれば、指値（金額交渉）の材料とする。

平太郎「ふむふむ。って、もうこんな時間か。そろそろ出ないと遅刻しちゃう」

こむぎ「……あの、口元にパンくずが」

平太郎「おっといけねえ。てへへ、教えてくれてありがとうございます！」

こむぎ「……ふふふ。今日もお仕事、頑張ってくださいね！」

たまっちまとめ28

●2棟目も、基本的な探し方は戸建と変わらない

●最終的には、利回りは15%程度を狙う

戸建を探したときと同様、現地調査をしても購入に値しない「ハズレ」の物件が続くことが多くあります。これは利回りの高い物件を狙う以上、避けられないことです。めげずに毎週の現地調査を半年以上は続けましょう。

29 買付時は「融資特約」を忘れずに

――たまっちのアドバイスに従い、半年間、地道にアパート探しを続けた平太郎。ようやく「これは！」と思える物件に出合った。

●平太郎が見つけたアパート

所在地	北関東の某所（平太郎の家から電車で2時間）
環境	JR沿線。駅から徒歩30分。国道からほど近い
築年数	25年
建物構造	木造2階建て　総戸数4戸
販売価格	1180万円

年間賃料収入	144万円（1部屋3万円×4部屋×12か月）
利回り	12・2％
入居率	75％（4部屋中3部屋入居中、1部屋空室）
入居者情報	いずれも近隣の工場勤務者2名と介護施設職員1名が入居中
備考	駐車場4台あり

平太郎「たまっちさん、このアパートなんですけど、共用部もキレイで、しっかり手入れされてる感じがしました。オーナーさんが物件の近くに住んでいて、よく手入れをされてるみたいです。**いま住んでる3人は滞納やクレームもない優良入居者です**」

たまっち「よく見つけたね。稼働率75％というのもいいし、満室ではないから、空き部屋の内覧ができるのもプラス材料だ」

平太郎「空室も見せてもらって十分キレイだったので、リフォームなしで客付けできると思いました」

たまっち「なるほど。売り出し価格は1180万円で満室想定利回り12・2％か」

平太郎「この価格だったら、ボーナスも全額貯金に回してきたので、いまの自己資金を頭金にすれば、なんとか買えそうです」
たまっち「売主さんの売却理由は聞いてみたかい？」
平太郎「はい。子どもたちが都内に出てしまっていて、自分も高齢なので、もう手放したい、ということでした」
たまっち「そうか。ほかの購入申し込みは、すでに入っているんだろうか」
平太郎「いえ、ポータルサイトには載せていなくて、不動産会社さんが直接教えてくれた情報なんです。なんでも売主さんがあまりおおっぴらに売り出したくなかったみたいで」
たまっち「それは**『水面下情報』**ってやつだね」
平太郎「水面下？　いやいや、たまっちさん、水のなかの物件じゃないですよ。ちゃんと陸の上に立ってる物件ですって」
たまっち「それじゃ水中物件だろう（苦笑）。そうじゃなくて『水面下情報』。ポータルサイトなどのオモテに出る前の情報を、平太郎くんに教えてくれたってことなんだ。不動産会社の担当者さんも、平太郎くんが熱心に物件の現地調査をしているのを見ていたからこそ、条件に合った物件を、いち早く教えてくれたんだろうね」
平太郎「……なんだかよくわからないけど、褒められたみたいでうれしいです！　それで、この物件でも指値をして利回り15％を狙うんですか？」
たまっち「15％はあくまで目安だけど、金額交渉の可能性は探ってみていいだろう。960万円で買えれば、15％物件になるね。あと、今回は購入申込書を出すときにローンを借りることになるので『**融資特約**』も忘れないようにね」
平太郎「『融資特約』ってなんですか？」
たまっち「買主が金融機関のローンを利用することを前提とした不動産売買で、金融機関で融資の一部もしくは全部について**金融機関から承認が得られなかった場合は『契約解除』扱いとなり、支払い済みの手付金が無利息にて全額返金される**という内容だよ」
平太郎「つまり、金融機関の融資が下りずに買えなかった場合、融資特約があると手付金が戻ってくるけど、融資特約なしだと、銀行がローンを出さなかったら僕の手付金が無駄になっちゃうんですね（焦）。忘れずに入れるようにします！」

たまっちまとめ29

- **融資を受けて物件を買う場合、契約時に「融資特約」を入れること**
- **融資特約があれば、融資否認時に支払った手付金が戻ってくる**

行動を続けていると、不動産会社の営業担当者さんにも本気が伝わるようになります。資金や経験ではベテラン組に勝てないので、行動で気持ちを示すことによって、いい情報をたぐり寄せられることも多くあります。

30 2棟目で日本政策金融公庫を使う理由

——平太郎が見つけたアパートは、たまっちの視点から見ても堅実な経営が期待できる物件であった。太鼓判を得たことで平太郎は融資獲得に向けて動き出す……のだが。

平太郎「じゃあ、僕の給与口座はメガバンクのM銀行なので、さっそく相談に行ってきます！」

たまっち「待ちたまえ。**メガバンクは地主や富裕層に対しては比較的融資してくれやすいけど、サラリーマン投資家はほとんど相手にしてもらえない。**行っても無駄になることが多いよ」

平太郎「そうなんですか？　僕のメインバンクだし、毎月給料が振り込まれて、わりと信用もあるだろうし、なんとか検討してもらえないですかね？」

たまっち「残念だけど、給与口座にした程度では難しいのが現実だ。賃貸物件の融資において評価される材料とはならないんだ。大金を貸すリスクと見合っていない」

平太郎「でも、会社の人はM銀行で住宅ローンを借りてましたよ」

たまっち「住宅ローンは給料が返済原資だから、その人の年収や貯蓄、勤務先などを中心に評価される。それに対して不動産賃貸業で借りるローンの返済原資は家賃収入で、人の評価に加えて物件の担保価値や収益性などを総合的に評価して決まる。だから、そもそもまったく違うものなんだ」

平太郎「そういうもんなんですね……。M銀行は無理かあ……」

たまっち「また、メガバンクなど規模が大きめの金融機関は、1件あたりの金額が大きくないと、検討の土台にすら上がらないことも多い。**小規模な物件を持ち込んでも融資をしてもらうのは難しいんだ**」

平太郎「資本主義の厳しさを感じます。銀行に融資を断られた町工場の経営者も、きっとこんな悲しみを味わってるんですね。じゃあ僕はどの銀行に相談に行けばいいんでしょう？」

たまっち「今回の規模やエリア、築年数を考慮すると、**政府系金融機関の『日本政策金融金庫』がおすすめだ。**民間が融資しにくい案件にも前向きに取り組んでもらえる。都内に複数支店があるので最寄りをインターネットで調べるといい」

平太郎「会社の近くにも支店がありました！　でも、これって自営業の人が借りるやつなのでは？　サラリーマンの僕が行っても大丈夫ですか？」

たまっち「安心してほしい。サラリーマンでも問題なく借りられるよ」

平太郎「なんだかお堅そうな名前の金融機関ですけど、そこは優しいんですね」

たまっち「若者やシニア、女性に優遇制度を用意するなど、**民間の金融機関で借りるのが難しい人にも手厚いという特徴**があるんだ」

平太郎「それはありがたい！　ヤングな僕にぴったりじゃないですか！」

たまっち「ここで言う若者とは35歳未満の人のことなんだけど……」

平太郎「惜しいっ！　あと1歳若ければ……（汗）」

たまっち「まあ、気を落とさずに！　公庫の融資面談は電話かウェブ（*）で申し込みできるので、まずは面談してみよう」

（*）参考URL：日本政策金融金庫 融資面談
インターネット申し込み　https://www.jfc.go.jp/n/service/apply.html

たまっちまとめ30

- 初めての融資では日本政策金融公庫は有力な選択肢
- 日本政策金融公庫は幅広い人がお金を借りられる金融機関である
- 若者、女性、高齢者であれば、より有利な条件で融資が受けられる

本書では徐々に拡大する手法を推奨していることから、最初の融資は、小規模物件に適した日本政策金融公庫をおすすめしています。不動産会社さんとの面談で相談し、適切に選ぶようにしましょう。

31 日本政策金融公庫の面談ってどんな感じ？

——ある日のアズマベーカリー。いつもより緊張した面持ちの平太郎が、熱心にたまっちの話を聞いている。

平太郎「公庫の面談日が1週間後に決まったので、有給休暇を申請しておきました！」

たまっち「公庫の融資は門戸が開かれているとはいえ、**きちんと準備をして面談に臨まないと、融資は獲得できない**んだ。今日は面談でのポイントを解説するよ」

平太郎「面談って、なんだか緊張しますね。ご指導お願いします！」

たまっち「まず、面談時の服装だけど、基本的にはスーツで臨むべきだ。公庫の職員は公務員に準じた堅い仕事をしてるので、ラフすぎる格好だと融資先への不安を覚えるんだ。見た目でマイナスの印象を持たれてしまうのは損なので気をつけよう」

平太郎「僕は普段からスーツで仕事してるので問題なさそうです」

たまっち「次に公庫の面談に持っていくものを確認していこう。物件資料、源泉徴収票、自分の簡単な経歴書、通帳。これらは最低限持っていく必要がある。これ以外にも担当者によっては指定があるかもしれない」

平太郎「ネットで調べたら、事業計画書ってのも必要みたいです」

たまっち「ああ、だけど立派な事業計画書を用意する必要はない。A4用紙1枚に収支予想をまとめて、返済原資となる家賃収入がしっかりあることをアピールできれば十分だよ」

平太郎「難しそうと思ってたけど、案外シンプルな感じなんですね。よかった」

たまっち「**不動産賃貸業への融資の可否は、人と物件のチカラによるものが大きい**。事業計画書の良し悪しで大逆転できる可能性はそう高くない。見やすく整理されていればOKだ」

平太郎「面談時に気をつけることはありますか？」

たまっち「公庫に限らず、金融機関との面談では『投資』という表現はNGだ。必ず『事業』と言うように。なぜなら、お金を貸す側にとって『投資』とは、投機のような不確実性をイメージさせるワードだからだ。**あくまで『事業』として賃貸業に取り組んで、安定した売上を返済原資にするのだと強調**しよう」

平太郎「事業家として融資を受けるわけですから、それはそうですよね」

たまっち「ほかに面談で注意してほしいポイントは、事業としての理念を聞かれることがある、ということ。不動産賃貸業であれば、『良質な住環境を提供することで、住む人に快適な生活基盤を提供する』などの理念を語ってほしい」

平太郎「不動産賃貸業の理念かあ。副業で収入を増やしたい、っていう思いしかなかったけど、考えてみれば家には入居者がいて、その人たちの暮らしを支える事業なんですよね」

たまっち「そう。きれいごとを言えというつもりはないけど、入居者はそれぞれの収入や資産から、少なくない金額を家賃として毎月支払ってくれている。そのことへの感謝を忘れないためにも、理念は考えておいたほうがいいね」

平太郎「なるほど！　社会に貢献できて、その上、お金も増やせる。不動産賃貸業ってすごくいいことなんですね！」

たまっち「正直に言うと、僕も収入を増やすために不動産賃貸業を始めたんだけど、事業をやっていくうちに、入居者さんのおかげでいまの自分があるんだってわかってきて、最初に決めた理念をさらに大切にするようになったんだ」

平太郎「……いい話ですね」

たまっち「(照れた様子で) ……まあ、社会には本音と建前が存在するのも事実なので上手《じょうず》に使い分けてほしい。平太郎くんなら心配ないだろうけど、くれぐれも**『不動産収入で不労所得が欲しい』みたいなことは言っちゃダメ**だよ」

平太郎「面談のイメージトレーニングをして臨みます！」

――平太郎の公庫面談から2週間後。

平太郎「やりました。融資承諾の返事が来ました。購入申し込みも無事に通ってるので、これで2棟目の物件がゲットできそうです」

たまっち「おめでとう。融資特約の期間内に結果が判明してよかったね！」

こむぎ（平太郎さん、すごくうれしそう……）

たまっちまとめ31

- 最低限の必要資料は、物件資料、源泉徴収票、経歴書、通帳の4点
- 「投資」という言葉は使わず「事業」に置き換えること
- 事業理念を語れる準備をしておく

金融機関との面談でもっとも大切なことは「嘘《うそ》をつかない」ということです。事実関係はもちろんのこと、気持ちの部分も含めて、できるだけ正直に伝えたほうがいいでしょう。金融機関の担当者さんは、経営者の人間性も見ているのです。

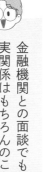

たまっち解説　融資条件

ここで今回、平太郎くんが獲得した融資条件を確認しておきましょう。

●平太郎の融資条件

融資額▼900万円（＊物件購入額は960万円）
返済期間▼15年
金利▼1・3％
返済額▼月5万2000円
返済比率▼43％

平太郎くんは公庫からの融資額900万円に加えて、自己資金200万円を諸費用や頭金に充当しました。融資額は事前に公庫から平太郎くんの指定口座に振り込まれているので、当日、売主の口座に振り込めば決済は完了となります（ちなみに、このときの決済は売主さんのメインバンクの応接室で行われました）。

2棟目の物件取得を通じて平太郎くんは、

- 小さい集合住宅を運用する
- 融資獲得と返済の実績を作る
- 実際に借金をするときのメンタル

などを体験し、経験値を得ました。
ここまでだいたい1年で2つの物件を持つことができた計算です。

平太郎の現在の月額家賃収入 約15万円 自己資金50万円

平太郎「いやー、決済で1000万円近くの大金を動かすときは緊張で指が震えましたよ。生まれて初めての経験です」

たまっち「僕も初めての不動産取引ではとても緊張したからね。昔を思い出すよ」

平太郎「これで月約8万円のキャッシュフローになりました。これって僕が学生時代にファストフードのキッチンで汗水垂らしてひたすらポテトを揚げ続けたバイトの月収に匹敵する金額ですよ！　すごい！」

たまっち「**不動産事業を育てることは、自分の代わりに働いてくれる分身を作るようなもんなんだ**」

平太郎「かつて油の匂いにまみれながら『自分の分身が働いてくれたら、僕は家でゲームができるのに……』と考えていた学生時代の妄想が、いま、現実のものになろうとしている！」

たまっち「……わかってるとは思うけど、家賃収入には手をつけず、いままで通り質素倹約に励んで3棟目の頭金を貯めるんだよ」

平太郎「お金が増えたからといって、気が大きくなって浪費しちゃったら元も子もないですもんね！　ロールプレイングゲームでいうなら、さらに強い武器を買うために貯金するようなものだ。不動産賃貸業を続けて、経験値とお金を貯めるぞ！」

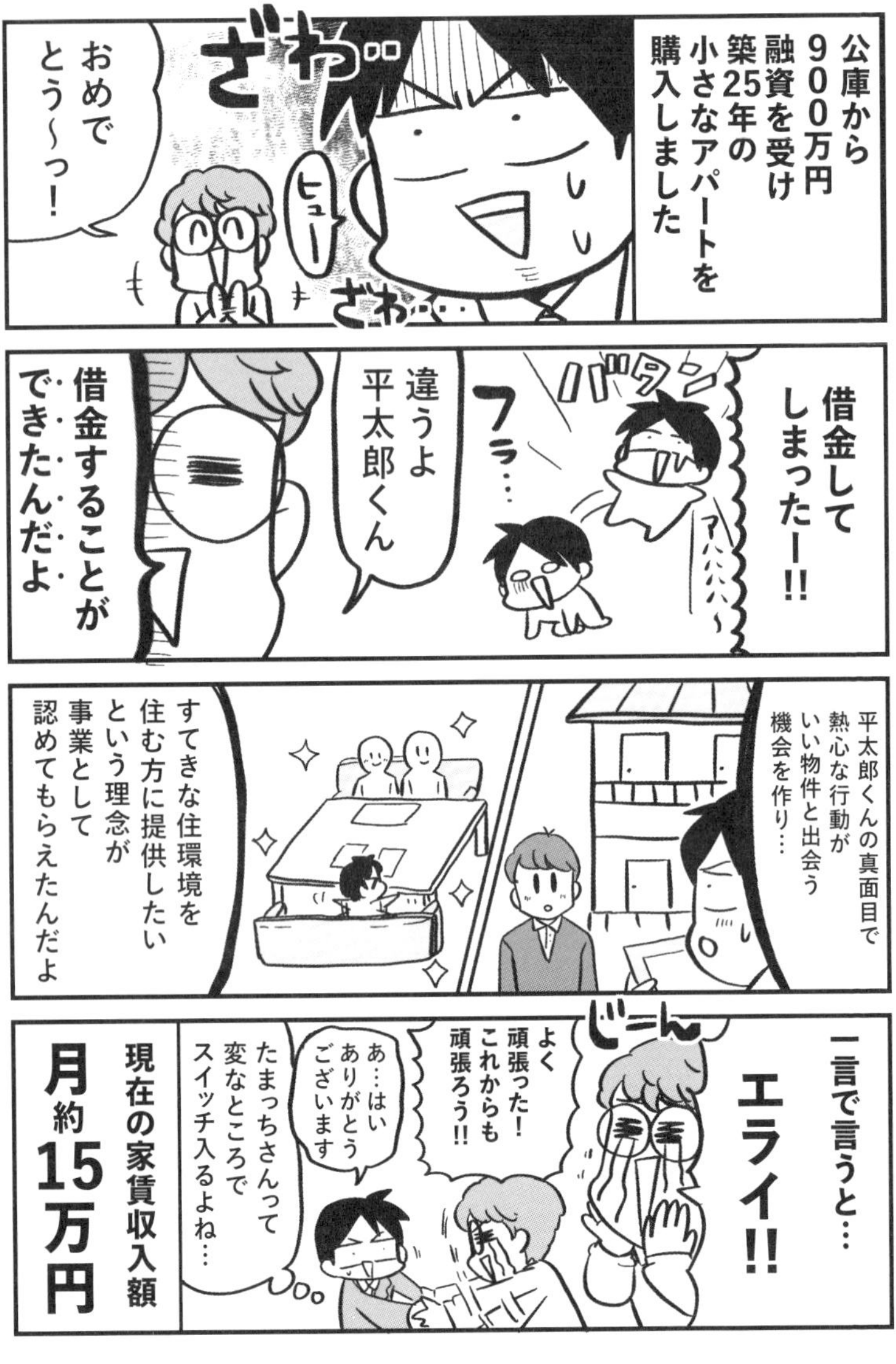
公庫から
900万円
融資を受け
築25年の
小さなアパートを
購入しました
ざわ…
ヒュー
おめでとう〜っ！
ざわ…
借金してしまったー!!
バタン
アハハハ〜
フラ…
違うよ平太郎くん
借金することができたんだよ
平太郎くんの真面目で熱心な行動がいい物件と出会う機会を作り…
すてきな住環境を住む方に提供したいという理念が事業として認めてもらえたんだよ
一言で言うと…
エライ!!
じーん
よく頑張った！これからも頑張ろう!!
あ…はいありがとうございます
たまっちさんって変なところでスイッチ入るよね…
現在の家賃収入額
月約15万円

COLUMN 3

まずは知っておきたい初めての確定申告の心得

会計ソフトを使えば初心者でも簡単

初めての物件を購入して家賃収入が発生するようになった平太郎くんは、今後、確定申告が必要になります。「確定申告」と聞いて難しそうな印象を持つ方もいるでしょうが、たとえばマイホームを買った人は住宅ローン減税のために確定申告をしているので、そこまで身構える必要はありません。会計ソフトを使えば簡単にできるので、僕も税理士にお願いせずに、ひとりで確定申告をしています。これから始める人は各種クラウド会計サービスを使うのがお手軽です。

確定申告には白色申告と青色申告の2種類の申告方法があります。不動産所得の申告の場合は、事業として認められる規模（戸建なら、おおむね5棟以上、または所有する戸数がおおむね10室以上）に達していれば、より控除額が大きい青色申告を選ぶことができます。申告に関しても進化していて、昔は紙を印刷して税務署に提出していましたが、いまはオンラインで完結させることも可能です。

確定申告で気をつける点としては、適切な経費計上を心がけることです。たとえば、すべての飲食代が経費になるわけではありません。あくまで仕事に関係ある飲食に限られます。平太郎くんの場合、朝のベーカリーカフェで僕に不動産の相談をしていれば経費といえますが、ひとりでランチ用のパンを買った場合はNGです。物件調査時にひとりでラーメンを食べた飲食代は経費として認められませんが、立ち寄ったカフェでノートPCを開いて、物件のデータをまとめたり購入検討をしたりしているなら経費となります。不動産賃貸業の関係者との飲み会や懇親会は、業務にプラスになる情報交換などをしていれば経費計上が可能です。

多くの経費を計上した結果、赤字決算になれば税金を払わずに済みますが、金融機関は「儲かってる人に融資がしたい」ので、過度な節税はおすすめしません。銀行から融資を受けて物件を買うことが前提の賃貸経営において、いきすぎた節税は長期的に見ると損といえます。

あくまで私は税の専門家ではないので、最終的な確認は税務署や税理士にご確認ください。

●賃貸経営でよく出る勘定科目はこれ

租税公課	税金のこと
修繕費	リフォーム費用
減価償却費	建物の残存価値を毎年償却
借入金利子	支払金利は経費ですが、元本は×
水道光熱費	水道代や電気代
通信費	スマホ代、ネット代を業務に応じて按分
旅費交通費	物件視察の交通費
消耗品費	文房具など
雑費	どれにもあてはまらない細かな出費いろいろ

STEP 3

飛躍の一棟

2000万円台のアパートを購入しよう

32 3棟目アパートはノンバンクを利用する

――平太郎が北関東某所にアパートを購入してから2年が過ぎた。以降、平太郎は新しい物件こそ買えていないが、その間もＤＩＹ体験会に参加して大家仲間を作ったり、不動産屋さん回りをしたりするなど大家活動を継続していた。貯蓄にも励み、自己資金は５００万円まで貯まっていた。

平太郎「オッス、たま仙人（『ドラゴンボール』の主要キャラクターである亀仙人より）のじっちゃん。オラ、この2年間、いろいろな大家の会に参加して物件を買えてる人がどんな条件で買っているのか、どこの金融機関から借りてるのかをヒアリングしたり、物件見学会やＤＩＹ体験会にも挑戦したりして大家力を高めてたぞ。この先、どんなアパートと出合えるか、オラ、ワクワクすっぞ」

たまっち「少し見ないうちに、なんかキャラが変わってるなぁ（汗）。……僕は『たま仙流《せんりゅう》』の開祖じゃないよ、平太郎くん。冗談はともかく、**自己資金を回復させる期間中もしっかり経験値を貯めていた点**は素晴らしい。たしかに、そろそろ本腰を入れて、飛躍のステージとなる3棟目の物件探しを始めるころあいだね」

こむぎ「シナモンロールとカモミールティー、お待たせしました。なんだか、ふたりがお店で話している光景って、すごく久しぶりな気がしますね」

平太郎「修業の旅に出てたんですよ！　いまの僕なら、シャボンディ諸島から2年経った麦わらの一味（『ＯＮＥ ＰＩＥＣＥ』の海賊団名）くらいパワーアップしてます！」

こむぎ（私、漫画読まないから、たとえがさっぱりわからない）

たまっち「（唐突に作品が変わったな……）。さて、ここで**鍵となるのが、金融機関**の存在だ。平太郎くんもいろいろ情報収集はしていると思うけど」

平太郎「メガバンク様は僕ごときを相手にしてくれないとわかりました！（ドンッ）」

たまっち「そんなに気合いを入れて言うことでないが……（苦笑）。まあ、そうだね。平太郎くんの年収と自己資金から考えると現実的ではないんだ。そこでズバリ、**3棟目購入には、審査が早くて融資に積極的な『ノンバンク』**も視野に入れていきたい」

平太郎「たしか預金機能がない金融機関なので〝ノン〟バンクって言うんですよね。ノンバンクは築年数が古かったり、ちょっと難があったりする物件でも融資してくれるって大家の会の勉強会で聞きました」

たまっち「その通り。よく勉強しているね！　普通の銀行が出さないような物件にも融資をつけてくれるのは、不動産事業家にとって心強い存在だ。ただし、デメリットもある。金利が高くて4％近辺になることも多いんだ」

平太郎「僕が公庫で借りた金利は1・3％だったから、比べると、かなり金利が高いですね……」

たまっち「そうだね。ノンバンクはリスクが高い物件に融資しているので、普通の金融機関と比べて金利が高く設定されるのは仕方のないことなんだ」

平太郎「どうしてリスクが高いと金利が上がるんですか？」

たまっち「それはズバリ、金融機関としては、回収できない可能性が高めだと見込んでいるからだ。貸したお金を回収できない可能性が高いとき、返済期間中の金利収入を増やしておくことで、リスクヘッジになるんだ」

平太郎「逆に金利が低くなるのはどういうときですか？」

たまっち「たとえば、経営状態が堅実で、返済余力が十分にあると判断されれば金利は低くなることが多い。このあたりは法人なら決算書、個人なら確定申告の内容なども評価のポイントになってくる」

平太郎「ぐぬぬ、僕のような新参者は、やはり厳しい条件からはい上がるしかないということですね……」

たまっち「まあ、かく言う僕も、サラリーマン時代に金融機関から金利4・5％で借りてRC物件を買っているんだ。**規模拡大したいなら、高金利でも収益が出る物件を買い進めることが重要だ**」

平太郎「たまっちさんでも、高金利の金融機関にお世話になっていた時期があるんですね！」

たまっち「そうなんだ。ほかの金融機関より早く審査してくれたし、駆け出しの大家に大きなお金を貸してくれたんだから、感謝こそすれ、恨んだことなど一度もないね」

平太郎「なるほど、それなら僕もぜいたく言ってる場合じゃないですね。それで3棟目って、どんな物件を探したらいいでしょうか？」

たまっち「平太郎くんも2年以上の不動産賃貸業を経験して、知識と経験が積み上がってきたところだろう。次のフェーズでは、購入物件の規模を大きくしてみよう。２０００万円台のアパート、部屋数にして8～10部屋の物件の購入がいいんじゃないかな」

平太郎「僕が持ってる4部屋のアパートと比べたら2倍以上の大きさ。物件の規模も金額も上がってきてますね。さっそく得意の北関東で探してみます！」

たまっち「待ちたまえ。日本全国の物件に融資してくれる公庫と違って、**ノンバンクは融資できるエリアが限られる**。目安は支店から公共交通機関で1時間。都内の支店が対象となる平太郎くんの場合は、埼玉県北部あたりまでで探すのがいいんじゃないかな」

平太郎「そうなんですか？　ホームページにはそういった情報は書いてないみたいですよ？」

たまっち「こういった融資に関する情報は公にはならない。だから、大家さんのネットワークでの情報収集が重要なんだ」

平太郎「本当に大切な情報は、インターネットじゃ得られないんですね」

たまっちまとめ32

- ノンバンクは再建築不可物件や借地にも融資をしてくれる
- その代わり金利が4％台になることもあり、高い傾向にある
- 融資可能なエリアが限られるので、物件探しでは立地も考慮する

規模拡大期は「借りられること」が重要です。その上でキャッシュフローを残すため、金利が高くても、返済期間が長く取れる金融機関を選ぶことが大切。戸数が増えて稼働率が高くなったら、徐々に低金利化をめざしましょう。

33 インターネット未公開物件にアクセスするには

――平太郎がアパート探しを再開してから3か月後。思わぬ幸運が舞い込んできた。

平太郎「よさげな物件が見つかりました！　2棟目のアパートを買った営業マンに、『埼玉県北部で2000万円台のアパートが出たら教えて』ってお願いしたら、紹介してもらえたんです！」

たまっち「それで、どんな物件なんだい？」

平太郎「地元の工務店が所有する法人物件で、**『決算期だから現金化したい』らしく、水面下の売り急ぎ物件**なんです」

●3棟目アパートのスペック

所在地	埼玉県北部
環境	JR沿線。駅から徒歩15分
築年数	25年
建物構造	木造2階建て　1K×8戸
販売価格	2200万円
年間賃料収入	約260万円（1部屋約3・5万円8部屋×12か月）
利回り	11・8％
入居率	75％（8部屋中6部屋入居中、2部屋空室）
入居者情報	近隣の学生や工場勤務者のほか県内のターミナル駅近くまで通勤している社会人も入居
備考	駐車場なし（駐輪場あり）、風呂トイレ別

たまっち「この立地で駐車場がないのが惜しいけど、写真を見ると築年数より新しく感じるね」

平太郎「工務店が社員の寮にすることも視野に入れて購入したものの、受注する業務が忙しくなってリフォームの手が回らなくなって売却するみたいです。外壁塗装も最近やったばかりです」

たまっち「入居者も学生、近隣勤務の社会人、電車を使って通勤する社会人などバランスが取れていていいね。売り出し価格は２２００万円か……。ネットに掲載したくない事情があって現金化を急いでいるんだね。相手の事情次第だろうけど、**売り急いでいるなら、キリよく2000万円での交渉もいけるん**じゃないかな」

平太郎「仲介会社の営業担当の人に相談してみます！」

たまっちまとめ33

- 過去に問い合わせや物件取引をした不動産営業マンとは、その後も仲よくしておくといい物件情報が流れてくる
- 法人や銀行の決算、相続など売り急ぎの事情がある人は、相場より割安な値段で不動産を売ってくれる可能性がある

やはりポータルサイト掲載前の物件のほうが、よりお買い得な物件情報があるように思います。とはいえ、すべての水面下の物件情報がお買い得とは言えません。自分の「軸」をしっかり持って1件1件判断していくことが重要です。

34 無借金物件を共同担保にしよう

――未公開の優良物件に、一縷《いちる》の望みをかけて指値を入れることにした平太郎。しかし、それでも自己資金の額が足りないことに気づいてしまったのだ。

平太郎「でも、待ってください。仮に指値が通ったとしても融資額は物件の8割だと1600万円。物件の残代金4000万円に諸費用が200万円と考えると最低でも600万円が必要だ。僕の自己資金は500万円。この期に及んで、あとちょっと足りないことに気がつきました……（涙）」

たまっち「そんなときは『共同担保』、**略して『共担』を活用してみよう**」

平太郎「共担って、購入物件以外の物件を担保として提供するっていうやつのことですか？」

たまっち「そうだ。融資額が伸びにくい物件を購入するときに活用するのが有効なんだ。平太郎くんの場合は、1棟目に現金買いした無抵当の戸建が役に立つ」

平太郎「1棟目の戸建を共担に入れるんですか？　毎月家賃をもたらしてくれる優秀物件なんですけど」

たまっち「いま持っている戸建を共担として抵当に入れれば、アパートと戸建の計2物件を合算した評価額まで融資してもらえる。つまり、**共担がある分、融資額が伸びる**んだ。僕の見立てだと、1850万円程度は借りられるはずだ」

平太郎「共担ってすごいですね！　あの戸建にそんな使い方があったなんて。共担、心強いです！　ちなみに、共担に入れても家賃は僕のところに入ってくるんですよね？」

たまっち「大丈夫。所有権は変わらないので安心してほしい。ただ、万が一、アパート購入のために借りたお金が返せない場合、アパートに加えて、戸建まで差し押さえられる恐れがあるので注意が必要だ」

平太郎「つまり、アパートの経営がうまくいかなかったら、アパートだけじゃなくて戸建まで失うことになるのか。融資を増額してもらう代わりに、もしもの場合は無借金の戸建を差し出すということが交換条件になってくるわけですね！」

たまっち「融資の返済が進んでアパート単体での評価で残債をカバーできるようになった場合は、金融機関との交渉により、共担を解除することも可能だ」

たまっちまとめ34

- 購入予定物件単体で融資額が伸びない場合、共同担保を提供する
- 共同担保には、現金で購入した無抵当の物件が適している
- ある程度返済が進んだら、共同担保を解除することも可能である

最初の戸建購入時から融資を受けるのもひとつの手ですが、共同担保を視野に入れると、自己資金のみの購入のメリットが出てきます。借金せずに不動産賃貸業を始めることで撤退しやすいのは以前お伝えした通りです。

35 そして3棟目のその先へ……

――香ばしいパンの香り漂うアズマベーカリー店内。食後のコーヒーを啜りながら、平太郎はかつてない達成感に包まれていた。

平太郎「いやあ、無事に決済も終わって計13戸の不動産オーナーですよー。借金が増えたプレッシャーもありますけど、ついに僕もここまで来たかと思うと……感無量です」

たまっち「不動産賃貸業の醍醐味《だいごみ》として、他人から借りたお金で物件を買い、他人から払ってもらった家賃で借金を返済し、金利を払う、というのがある。経営者として安定した経営ができれば、金融機関と入居者のどちらからも喜ばれる立派なビジネスなんだ」

平太郎「資産運用の手法はいろいろあるけど、なかでも不動産賃貸業は、地に足のついた真っ当なビジネスだな、とつくづく実感しています！」

たまっち「そうだね。いまの所有物件の経営が安定してきて、資金が貯まってきたら、次の物件を買っていく。それを繰り返して**規模を拡大していけば、平太郎くんが実現したかった未来を手にすることもできるようになる**ってわけだ」

平太郎「かつて描いた未来の実現が近づいているなんて、もうそれだけで夢みたいです」

たまっち「数年前までは想像もつかなかった世界が、いまの平太郎くんには見えていると思うよ。そして、夢みたいな未来へ近づくための努力を重ねてきた自分に対して、誇りを持ってほしい」

平太郎「たまっちさんにそんなこと言われると、なんだか照れちゃいます……！　僕も、最初のころは『借金なんて怖くてできない』と思っていました。でも、不動産賃貸業を始めてみて、そんな思い込みもなくなっていきました。そしていまや満室想定で家賃年収は約４４0万円、月のキャッシュフローは10万円を超えました。なんか不思議な感覚です」

たまっち「お金を借りて事業を運営するレバレッジ（てこの原理。２９９ページの注釈を参照）や他人資本の重要性がわかってきたようだね。不動産賃貸業の優れている点は、平太郎くんが苦労して作った〝分身〟が非常に優秀だということだ。**怪我《けが》や病気で自分が働けなくなったとしても、安定的に収入が入ってくる**」

平太郎「ここまで来るのに、たくさんの時間と労力をかけてきました。不動産賃貸業にはリスクも伴うけど、そのリターンはかなり大きいですね！　それで次の物件を買うために僕は何をすればいいんでしょう？」

たまっち「もう平太郎くんに教えられることはすべて教えたからね。あとはいままで通り過ごすだけだよ。満室運営を頑張りながら、引き続き自己資金を貯めていく。大家の会に参加して仲間を増やしたり、仲間の運営を手伝ったり。いまの平太郎くんなら初心者の手助けだってできるだろう」

――平太郎の目は未来を見据えていた。たまっちとの会話をこっそり聞いていたこむぎは、ふと振り返った平太郎と目が合うと、うれしそうに微笑《ほほえ》みかけた。こっそり見つめ合うふたりの関係に、たまっちはまだ気づいていなかったのだ。

たまっちまとめ35

- 戸建、小規模アパートと購入したあとの3棟目は「飛躍」の物件。戸数が多めで価格帯を少し上げた物件に挑戦してみよう
- 物件購入後は、稼働率アップや利益増など運営にチカラを入れる
- 手元資金が増えてきたら次の物件にチャレンジ。1年に1棟購入のペースを目安に、常に物件を探し続けよう

ここまでの3棟を購入できたら、そのあとは1年に1棟くらいのペースを目安に規模拡大をめざしましょう。急拡大より徐々に拡大して、お金と経験を増やしつつ、本業も頑張りながら賃貸業を進めるのがおすすめです。

――それから月日は流れ、2年後のある日。アズマベーカリーのテーブル席で久しぶりに話す、たまっちと平太郎。……だが、平太郎はどこか落ち着かない様子だ。

たまっち「平太郎くん、あれからさらに2棟購入できたんだね。**1年に1棟のペースと順調に規模拡大**しているようで、喜ばしい限りだよ」

平太郎「はい、順調に進んでいます！」

たまっち「やけに晴れやかな顔じゃないか。それにしてもなんだかソワソワしている感じだけど？」

平太郎「実はたまっちさんに紹介したい人が……あっ、こっちこっち！」

――平太郎の呼びかけで小走りで駆け寄ってきたのは、たまっちが知らない女性――いや、よく知っている。いつもと違うのは、ベーカリーの店員の制服を着ていないことだ。初めて見る私服姿のこむぎは、ふんわりしたワンピースの似合うキレイな女性だった。

こむぎ「たまっちさん、こんにちは」
たまっち「平太郎くん、紹介したい人って、店長の娘さんのこむぎちゃんじゃないか。常連だからよく知ってるよ」
――少しの沈黙。隣り合う平太郎とこむぎは互いを見つめ合ったあと、たまっちへ向き直す。
平太郎「……実はこむぎちゃんとお付き合いしてまして、結婚することになりました」
たまっち「そうだったの⁉」
――店じゅうに響くたまっちの声に、周囲の客から注目が集まる。小声で「すみません……」と謝罪する。
たまっち「でも……いったい、いつの間に？」
平太郎「いやあ、何か僕が毎週たまっちさんに真剣に相談していた様子が、『将来を真剣に考えて行動している真面目な人』と思ってくれたみたいで……。前々から僕もステキな女性だなとは思ってたんですけど」

こむぎ「いつもバタバタして急いでパンを買っていくような人が、たまっちさんと出会って、みるみる変わっていくところを私はずっと見ていました。いつも頑張っている姿を見て、私自身も勇気づけられたんです」

平太郎「不動産賃貸業を始めて、僕も自信がつくようになりました。たまっちさんに出会ってなかったら、こむぎちゃんみたいなステキな女性が僕のことを好きになるなんてことなかったんじゃないかなあ」

こむぎ「またまた（笑）。平太郎さん、新作の味の感想をいつも報告してくれるんですよ。私も励みになるし、大人なのに、美味しいものを食べて、こんなに素直に喜んでくれる姿を見て、なんだかかわいいなと思ってしまって……」

平太郎「えっ、そんなこと思ってたの？　なんか恥ずかしいから言うなよ〜」

——幸せそうに笑い合うふたりを見ながら、たまっちは不覚にも涙腺が緩みかけた。

たまっち「あはは……全然気づかなかった。……ともあれ、おめでとう。それにしても、この智将《ちしょう》たまっちの目をもってしても見抜けぬとは！」

平太郎「たまっちさんと出会って**不動産活動を始めたことで、積極性が増した**気がします。物件を問い合わせたり、不動産屋さんに飛び込んだり、いろんな交渉をしたり、大家さんと交流したり、いろんな経験が積めました」

たまっち「たしかに、不動産賃貸業にはサラリーマンでは得られない経験がいろいろあるからね」

平太郎「それに**副収入のおかげで、自分に自信が持てる**ようになりました。以前の僕だったら将来への不安もあったし、結婚なんてとても考えられなかったかもしれません」

たまっち「人生で一緒に喜びを分かち合い、応援してくれる人がいることは素晴らしいことだよ。平太郎くん、最初に設定した理想の生活は覚えてるかい？　いまはもう一度考え直すタイミングかもしれないね」

平太郎「はい。最初は『世界のあちこちでソロキャンプしたい』だったんですけど、『世界のあちこちでファミリーキャンプしながら、美味しいパンを食べる旅』とかになりそうです」

たまっち「ステキな目標だと思うよ。ふたりで暮らせば生活費を圧縮できてお金も貯まるし、**不動産賃貸業ではふたりの収入を合算して融資を組み立てることもできるようになる**」

平太郎「夫婦で貯金をして頑張りたいと思います！」

たまっち「思えば僕も離婚後に不動産賃貸業の副業を始めて自信がついて、再婚相手を探そうと踏み出せたんだったなあ」

平太郎「たまっちさんのところはご夫婦仲がよくて、お子さんもふたりいて幸せそうですよね！」

たまっち「**いまの自分があるのも不動産賃貸業の副業を始めたからだ**、と胸を張って言えるよ」

平太郎「そんなふうに言えるように僕も引き続き頑張ります！」

――人生とは不思議なものだ。「サードプレイス」だと思って通っていた場所が、いつのまにか僕の「ホーム」になろうとしている。もし、あのとき、たまっちさんに勇気を出して声をかけなかったら、不動産をやる決断をしていなかったら……いまの僕はいなかった。何か新しいことに挑戦することには、恐怖も伴う。でも、一歩踏み出したからこそ、得られたものがある。時代の流れには抗《あらが》えないし、自分ではどうにもならないこともある。だけど、そんななかでも自分の行動を自ら選び、望む未来のために行動することはできる。僕のなかに燃える、夢、自由への渇望……。日々こむぎちゃんが向き合うパン窯の炎のように、僕自身の心を燃やし続けるためにも、この先も挑戦していこう。そんな気持ちでいる。

たまっち解説

平太郎の不動産活動のまとめ

平太郎くんは、不動産賃貸業を始めて5年で戸建1戸、アパート4棟を購入しました。戸数は約30戸、規模は約8000万円、年間の家賃収入は約1000万円です。税引き前のキャッシュフローは月20万～30万円程度になりました。

2000万円台のアパートをコツコツ毎年購入しているのが特徴的です。高属性の人なら、より大きな物件を買っていくことも視野に入りますが、そうもいかないという人には、この買い方は再現性が高いと言えるでしょう。

平太郎くんはキャッシュフローで年間1000万円をめざしていましたが、これまでの不動産賃貸業としての経験や実績を上手にアピールして、目標を達成できるかどうかは平太郎くんの努力次第です。具体的には、物件の売却なども絡めながら、手元資金を増やして新たな物件を購入していき、この先5～10年程度をかけて家賃収入3000万～4000万円ほどをめざす展開になるでしょう。その道のりは決して楽なものではありませんが、正しく情報を集めて努力し続ければ、叶わないものではありません。

平太郎くんの物語はここでいったん終了となりますが、このあとは、別の登場人物のお話にもお付き合いください。

最初に買った戸建を共同担保に入れて…
1850万円の融資を得て2000万円台のアパートを購入!!
ばーんっ
わーいっ
たまっちさんのおかげで3棟目も購入することができた…
ノンバンクってすごいですね預金で買えた戸建が役に立つなんて…
フッ…オレにまかせな…
キュン
そうなんだよ…だから1棟目からアパート…!じゃなくて
手持ちの現金で買えるオーナーチェンジの戸建をおすすめしてるんだ
そしてノンバンクは融資エリアが限られる
フフフ。
その手の裏情報が大家仲間の間では共有されているよ…
恐るべし大家ネットワーク
知らないこといっぱい
フフフ…
これからも修業して大家力を身につけていこう!
は、はいっ
ついていきますたまっちさん…

不動産投資家対談❶

たまっち  × バーニング大家

初めての物件購入で大失敗してしまった元消防士が、苦難を乗り越えて家賃収入1億2000万円になるまでに成功できた理由

たまっち　お久しぶりです、バーニング大家さん。まずは自己紹介をお願いします。

バーニング大家（以下、バーニング）　京都市在住の39歳で、妻と子ども３人の５人家族です。大学卒業から13年間、消防士として働いていたこともあり、「バーニング大家」と名乗ってます。３年前に消防士を辞めて不動産業で独立しています。

たまっち　現在の投資状況を教えてください。

バーニング　京都府、三重県で物件を持っていて、部屋数は２００室超、満室時の家賃は１億２０００万円あります。

たまっち　独立してからものすごい勢いで規模が増えてますよね。

バーニング　在職中に宅建士（＊1）の資格を取得していて、消防士を退職後に本格的に宅建業を開業しています。公務員時代は妻が会社の代表をしてましたが、退職後は自分が代表として物件の査定や銀行交渉をしていて、パートスタッフをひとり雇用して事

(＊1)宅建士：「宅地建物取引士」の略称で、不動産取引の専門家を示す国家資格

務や管理業務をお願いしています。金融機関から不動産業者として見てもらえるようになり、去年だけで４億円借りていて、家賃も７０００万円から１億２０００万円に増えました。

たまっち　快進撃ですね！　親が不動産をやってたり、自営業だったりしたのですか？

バーニング　いいえ、不動産賃貸業とは関係ない、ごく一般的な家庭でした。

たまっち　そもそも消防士をめざした理由はありますか？

バーニング　高校生のころ、テレビ番組の「ＳＡＳＵＫＥ」（ＴＢＳテレビ系）が好きでよく見ていたんですけど、そのスター選手たちの集団「ＳＡＳＵＫＥオールスターズ」に消防士の竹田《たけだ》敏浩《としひろ》さんという方がいるんですね。その人がめちゃくちゃかっこよくて、僕にとってのヒーローで、しかも人の役に立つ仕事をしている。それで大学で法律を学びつつも、「自分の進路は消防士しかない！」と思っていました。

株の失敗でおばあちゃんの200万円が半分以下に

たまっち　不動産を始める前は何か投資はしましたか？

バーニング　25歳のとき、祖母の定期預金200万円が満期を迎えたんですけど、父から「運用して増やしてみろ」と渡されて、それで株を始めました。僕はゲームに詳しくないんですけど、当時はモバイルゲームの銘柄が盛り上がっていたのでなんとなく買ってみたら、1日で5万円くらい儲かって有頂天になってましたね。だけど、その後、数日で「コンプガチャ問題」が取り沙汰されて、3日連続ストップ安で200万円が80万円になりました。株で失敗してひとりで悩んでました。仕事中も気になってトイレでスマホをいじっていて「これじゃダメだな」と思いましたね。ほかにはIPO（新規上場株）狙いで証券口座を10個開設しましたが、資金移動が大変なのにローリターンすぎて挫折しました。そんななか、29歳のときに不動産投資の存在を知って、「**公務員は属性が評価してもらえるし、消防士は平日休みだから銀行訪問や物件調査もしやすい。自分にはこれしかない**」と思いました。

たまっち　僕も株をやってダメだったし、不動産を始めた年齢も近いので親近感が持てます。不動産に関して、どうやって勉強をしましたか？

バーニング　本やブログを読んで勉強しました。その当時はＣＤやＤＶＤで耳から入る学習コンテンツがいろいろ販売されていたので、それをよく聞いてました。あとはセミナーや勉強会にも行きましたね。それと「絶対失敗したくない」と思ってＦＰ（ファイナンシャルプランナー）２級の資格も取りました。でも、なかなか物件は買えませんでしたね。書籍『まずはアパート一棟、買いなさい』に則《のっと》って、滋賀県で小ぶりの高利回りアパートを探すのですが、当時は「三為《さんため》」（＊2）や「中間省略」（＊3）といった転売業者の最盛期で、理想的な物件が見つかりませんでした。訪問しても「そんな地方の築古《ちくふる》にどこの銀行が融資するんですか？（あなたは公務員なんだから）うちのシートに年収記入すれば、すぐ物件紹介しますよ」みたいな対応で不動産屋さんに一蹴されたり、門前払いされたりばかりでした。

（＊2）三為：「第三者のためにする契約」を略したもの。売主と買主の間に業者が入る契約
（＊3）中間省略：不動産売買の際にかかる税金や手数料を節約する取引方法のこと

ようやく見つけた運命の1棟目、と思ったら

バーニング　そんなときに、たまたまヤフーオークションで不動産の教材を落札したら、出品者が東京の消防士さんで、送付先住所を見て僕が消防士だと気づいて。それがきっかけで情報交換をしたり、会いに行ったりするようになりました。その人は最初に新築区分マンションを買ってしまったんですけど、損切りして一棟マンションを購入してリカバリーした経験の持ち主で、「僕も物件オーナーになりたいです！」って言ってたら業者を紹介してもらうことになりました。

たまっち　すごい偶然ですね。

バーニング　それで、その業者から2015年9月に最初の物件を買いました。横浜市戸《と》塚《つか》区の新築10室アパートで、利回り10％を超えていたんです。しかも、新設法人で融資が受けられて、7000万円の物件に対して7300万円のオーバーローンが組めると、当時の自分にはかなり好条件に思えたので、物件の現地を見ずに買いました。法人の設立も

言われるがままにやって、買った次の月からちゃんと家賃が入ってきて、返済を引いても手残りが13万円あったんですね。最初は「これが不動産投資！　不労所得か！」と喜んでいました。その後、3か月経ってから**自分が「失敗大家」だったと気づくんですけど……。**

たまっち　何があったんですか？

バーニング　関東の大家さんコミュニティーで、おためしの無料面談をしてもらう機会がありまして。オンラインで話してて、「僕、最近、横浜で新築利回り10％のアパート買えたんです」と話したら、主宰の方に「すごいじゃないですか」って褒めてもらえました。それで「まだ1室も埋まってないけど、サブリース（＊4）だから安心です」と言ったら、その人の顔が曇って、「待ってください。それ、おかしいです。普通は新築なら竣工《しゅんこう》時に満室が当たり前なのに、3か月経っても1室も埋まらないのは何かある」と指摘されたんです。

たまっち　新築サブリース物件だったんですね。それはたしかに裏がありそうです。

バーニング　それで「いますぐ契約書を確認したほうがいい」と言われて確認したら、「予告期間なしに甲乙双方からいつでも解約できる」。つまり、業者が「赤字続きで苦しいから」と言われたら、翌月からいきなり入金ストップされても文句を言えない契約内容だっ

（＊4）サブリース：サブリース会社が建物を丸ごと借り上げ、各部屋の入居者を募集して貸し出すこと

たんです。真っ青になって「僕はどうすればいいですか?」とたずねたら、「とにかく必死に動きましょう」と言われて、その場で空室対策本をいろいろ紹介されて、全部買って勉強しました。そのときに初めて現地に行くことも決めました。当初は10分限定の無料面談だったんですけど、結局1時間近く指導してもらったので本当に感謝しています。いま、自分が情報発信で誰かの役に立ちたいという原体験にもなってます。

たまっち 顔面蒼白《そうはく》の状況ですね。それにしても本やCDでしっかり勉強していたバーニング大家さんが、「現地を見る」という基本的な行動をしなかったのは不思議です。

バーニング 勉強していたのに買えていない焦りがあったと思います。**いわゆる「買いたい病」**ですね。そんなときに、「新築利回り10%」と表面上のスペックがよい物件を紹介されて、しかも信頼関係がある人からの紹介で、その人に悪意があったわけでもないと、いろんな要因が重なったと思ってます。あとはひとり暮らしの経験がないので、ひと部屋13㎡に対して狭いかどうかなどの広さの感覚や違和感がなかった。妻は送られて来た家賃明細を見て「誰も住んでないのにお金入るの、なんでなん?」と疑問を持ってたんですけど、僕は「不動産には繁忙期というものがあって、これから埋まるんだよ」と説明していました。いまとなっては恥ずかしいですね。

たまっち 初めて現地に行かれて、どうでした？

バーニング 部屋の広さが13㎡と狭かったので、第一印象で「物置やん」って思いました。しかも駅から徒歩30分、あるいはバス12分という立地で、坂の上に立っていて、敷地に駐車場は1台もなし。それで家賃は5万3000円で募集してました。帰りに駅前の不動産会社に飛び込んで、自分の物件のスペックを伝えて、「こんな感じの物件を買おうと思ってるんですけど、どう思います？」って聞いてみたら、「それなら似た感じの物件を知ってます」って僕の物件資料取り出してきて、「こんな物件、広告料（*5）を6か月払っても埋まらないから、やめたほうがいいですよ。だいたい、誰が住むんですか？」って鼻で笑われて、「ハハハ、そんなん買った人もいるんですねー」って打ちのめされて帰ってきました。

たまっち もし基本に忠実に、買う前に現地を見て地元不動産屋さんにヒアリングしていたら、この物件、買っていなかったかもしれませんね。

バーニング 絶対にそうですね。京都市内なら現地確認にも行っていたと思います。本当に**ちょっとした手間を惜しむと、めちゃくちゃ損をする世界**です。面談で相談したメンタ

（*5）広告料：特別な広告等を行った場合にかかる費用として賃貸借契約締結時に貸主から不動産会社へ支払われる報酬のこと

ー（＊6）からも「バーニングさん、それは買う前にやらないとダメなんですよ」って言われました。

たまっち　その後、空室対策に取り組むわけですが、どんなことをしたのですか？

バーニング　家具家電つきの初期費用0円物件として募集しました。そうしたら物件から徒歩1分のところにある工場の社長から「社宅として使いたい」と申し込みが入りました。その後も周辺の企業から申し込みが続いて9室まで埋まったんです。買うときは全然気にしてなかったんですけど、周りに工場や会社が多くて本当に救われました。

たまっち　**物件周辺の施設を把握しておくと賃貸ニーズも予想しやすい**ですよね。そこまで埋まると一安心ですね。

バーニング　ちなみに僕の物件の隣に同じ仕様のアパートが立ってて、○○A棟・○○B棟みたいな感じだったんですけど、隣のアパートも全空《ぜんくう》（＊7）状態が続いてました。「隣も大変やろな」と思いながら様子見てたら、1年経ったら家賃を1万円下げて4万3000円で募集し始めたんですね。「ヤバい、1万円も安かったら、うちの入居者が持ってかれる」と慌てて売却に動きました。最終的には、1年半保有して買値より少し高く売れまし

（＊6）メンター：自分の仕事やキャリアについて指導・助言をしてくれる、信頼のおける相談相手のこと
（＊7）全空：賃貸物件のすべての部屋に入居者がいない状態のこと

た。高属性（＊8）のサラリーマンの方が買ってくれたんですけど、その直後にスルガ銀行の不正融資（＊9）が問題になってアパートローンを借りるのが難しくなったので、あと少し遅かったら売りたくても買い手が見つからなかったかもしれません。

たまっち　不動産投資で成功する人が目立つけど、その裏で失敗している人も確実にいますよね。バーニング大家さんは努力と行動量でリカバリーできたけど、苦戦している人もたくさんいるはずです。

バーニング　僕の場合、よくない買い方をしたことで「なんとかしなきゃ」と頑張りました。これを読んでいる読者の方には、僕と同じような失敗はしないでもらいたいですね。

古い戸建がDIYで復活

たまっち　そのあとは、1棟目の経験を踏まえて、方針を変えたようですね。

バーニング　はい。手元の現金の範囲で、安い戸建を買う方針にしました。ポータルサイトで京都の物件を安い順に並べて、全部問い合わせて内覧するのを延々やってました。

（＊8）46ページ参照
（＊9）スルガ銀行の不正融資：スルガ銀行が不動産融資の審査において、本来なら自行の融資基準を満たさないケースでも、書類を改ざん、偽装して融資を承認させるなどの不正が行われていた

たまっち　本書でもたくさん内覧することを推奨していますが、まさにそれを実践されてますね。

バーニング　当時230万円が最安値で、地元の行ったことがない山奥の物件でした。こんな場所に賃貸需要があるのか不安だったんですけど、たまたま同じエリアで家賃5万円で決まった成約事例が見つかったので、物件に指値して170万円で購入しました。買ってからは、**練習だと思って床や壁の内装をDIYで直して**、1か月で入居者が決まりました。総額200万円で仕上げて家賃5万円なので、利回り30%です。続いて、平成築の280万円で売られていた物件を買いました。病死があった物件でしたが、冬場だったので傷みはなく、亡くなった方の息子さんが所有者でした。息子さんは東京在住で京都に戻る予定もないので「早めに売却したい」ということで、50万円で買えました。ハウスクリーニングして貸し出したら、利回り100%で仕上がった。地元が田舎すぎたので、逆にブルーオーシャンだったのだと思います。

たまっち　最初の1棟の苦い経験があったからこその頑張りですね。それにしても行動量がすごいです。

バーニング　とにかくリカバリーしないといけないと思ってて。手元の現金でやるしかないと必死でした。

たまっち　DIYはどうやって勉強したんですか。

バーニング　大家の会に所属してたので先輩から聞いたり、家庭用DIYの本で勉強したりしました。あとはホームセンターに行けばDIYの無料パンフレットがあるので、それも参考にしました。やったのは**内装系は一通りで、クロス、塗装、クッションフロア、タイルカーペット**はやりました。「壁紙屋本舗」のネット通販で、糊《のり》つき壁紙と施工道具がそろった初心者用キットを買って、父親や大家仲間と一緒に貼ってました。ただ、施工レベルは素人なので、当時「巾木《はばき》」（*10）を知らずに床の見切り部分はボンドで埋めてた感じです（苦笑）。

たまっち　僕はDIYをやらないのでオーナーチェンジ戸建をすすめるけど、バーニングさんのようにDIYスキルがあれば直して募集するのにチャレンジすると、うまく行けば高利回りが狙えますよね。

バーニング　だけど、僕がDIYをやったのは、あとにも先にもこの2棟だけなんです。

（*10）巾木：壁と床の取り合い部分に取りつける部材のこと。壁と床の隙間を隠したり、汚れから壁を守る役割を果たしたりする

たまっち　ＤＩＹをやめたのには、何か理由があるんですか？

バーニング　周りにいた大家さんが、「レバレッジかけて拡大系」の人ばかりなので、その人たちから「やらないことを決める必要がある」と言われてました。「リフォームは自分よりうまい人に任せられるけど、経営に関わる仕入れや、資金調達、銀行との交渉は自分でしかできない」と教えられました。「インパクトドライバー（電動工具のひとつ）を捨てろ」と言われましたね。

たまっち　ちなみに本当にドライバーは捨てたんですか？

バーニング　倉庫に眠ってます（笑）。ちょっとした直しにあると便利なので。ＤＩＹは封印しましたが、僕のなかでの結論は**目標の規模まで行ってから、ＤＩＹが好きな人はやればいい**と思ってます。

築古アパート再生の話

たまっち　戸建再生に成功したあとは、築古アパート再生系にシフトするんですよね。

バーニング　戸建投資をやってる人って案外多いけど、そこから**アパート投資に進める人は少なくて、肌感覚で5分の1くらい**なんですね。何がハードルになっているかというと融資。ステップアップの鍵は融資にあって、現金買いの戸建とは別のノウハウが必要なんですよ。たとえば10年後に月20万円欲しいなら、個人で現金で戸建を買い続ければ達成できるけど、5年後に100万円のキャッシュフローを達成したいなら、必然的に融資を使うしかない。目的に対する手段として戸建投資では無理となったら、それはもう融資を使うしかない。これからやる人は、自分の状況と目的を明確にしてほしいですね。

たまっち　目標を決めるのって本当に大事ですよね。本書でも最初にやるべきとしています。アパート購入ではどうやって融資を獲得したんですか？

バーニング　僕の場合、日本政策金融公庫に事業計画書を書いて持ち込みました。築30年のS造（鉄骨）アパートで6室中5室空いている物件でした。普通の金融機関なら評価が出ないですが、周辺へのヒアリングをして、修繕計画を立てて、周辺施設からの賃貸需要を説明しました。物件価格は900万円でしたが、土地の評価額（＊11）が1900万円出ていたこともあり、事業計画が評価されて1500万円借りることができました。あとは

（＊11）評価額：一般的には、固定資産税評価額を指すことが多い

いままで培った空室対策ノウハウを駆使して、空き部屋を埋めることができました。

たまっち　まさに僕が2手目としてすすめた、公庫の融資を使ってアパートを買う流れを実践していたのですね。その次の物件はどうやって買ったんですか？

バーニング　隣地に立ってた8室アパートが売りに出まして。容積率（＊12）オーバーの物件だったんですけど、もともとはうちの物件とあわせてひとりのオーナーが所有してたみたいで。それで「この物件を買えるのは、隣地のうちしかいない」というストーリーを京都の信用金庫に説明して、物件価格800万円に対して、1棟目のアパートを共同担保に入れて2300万円の融資を受けました。期間は15年で金利1・4％です。8室中2室入居してたんですけど、隣のアパートに引っ越してもらって全空にしてから1500万円かけて全面リノベーションして満室にしました。最終的に利回り20％の物件に仕上がりました。僕のなかではこの2つのアパートを仕上げられたのはかなり大きいです。

たまっち　「隣地は倍出してでも買え」という格言があるくらいで、やはり**隣の土地を買うのはすごく価値があります**ね。それにしても窮地からの復活と快進撃、僕でも真似《まね》できないですね。ほかにも難しい再生案件やられてましたよね？

（＊12）容積率：敷地面積に対して延床面積が占める割合のことで、建築基準法によって定められている。法定の容積率を超えた物件は、同条件での再建築は不可となる

バーニング　三重県津《つ》市で築42年のRC物件を再生しましたが、とても大変でした。自己資金をかなり入れているし、突発的な対応も多くて資金繰りが危ないときもありました。水道管破裂でモデルルームが水浸しになったりとトラブル続きでした。

たまっち　やはり**築古のRC物件は配管の老朽化が怖い。初心者にはおすすめしにくいで**すね。

バーニング　僕のやり方はかなりのリスクを取ってるので、経験の少ない方にはおすすめしないです。

たまっち　徐々に規模が拡大していくバーニング大家さんを見ていて、僕は「**もう消防士を辞めて専業大家になったほうがいいのではないか**」と思うようになりました。実際に「いつ辞めるの？」と聞いたのを覚えてます。退職に向けた最後のひと押しは、なんでしたか？

バーニング　辞めるきっかけは、金融機関からの申し出です。2億5000万円借りたところで、「すでにいっぱいいっぱいまで貸しているので、これ以上貸せません」と言われました。一方で、「バーニング大家さんが会社の代表になったら融資は上限なしで出せるようになりますよ」ともメインバンク2行から言われて、そこで「そろそろタイミングか」と思いました。退職する前に、このタイミングでマイホームを買うことにしました。

たまっち 金融機関から「辞めたら融資が受けられる」なんて言われる人は本当にまれです。僕も含めて多くの人は辞めた直後は融資に苦労しています。それだけバーニング大家さんの実績がすごいということでしょうね。

バーニング むしろ公務員であることが足かせと言われてました（笑）。

たまっち バーニング大家さんが今後やりたいことって、なんですか？

バーニング 退職するときは「家賃年収を2億円まで伸ばすぞ」とか考えてたんですけど、実際辞めると規模拡大には意識が向かなくなりました。**規模感と幸福度は比例してない**というか。規模を追い求めても、そこに僕の幸福はないんですね。それより生まれたばかりの3人目の子どもと向かい合うほうがよっぽど幸せです。僕は先輩からたくさんギブしてもらったので。なんの見返りもなく親身なアドバイスをもらったり、アフターフォローしてもらったり。そこから実践したら結果もついてきた。だから、何か恩返しができないかなと思って、利益度外視で500人の大家さんが集まるイベントを開催したら、共感してくれる人がたくさん集まってくれました。今後も「大人の文化祭」として続けていきたいですね。

たまっち　そのイベントには僕も参加しましたし、支援もさせていただきました。バーニング大家さんの情熱が詰まった素晴らしいイベントでしたね。これからも、ぜひたくさんの笑顔を生み出してください。今日はありがとうございました。

バーニング大家

1985年生まれ、妻と子どもの5人暮らし。消防勤務のかたわら、妻を代表にした法人を立ち上げ、2015年9月から不動産事業を開始。さまざまな失敗投資を乗り越え、再生不動産事業で奇跡の復活を遂げるという異色の不動産投資経歴を持つ。不動産投資歴8年、11棟195戸を所有。年間キャッシュフローは約6000万円。現在、stand.fm「バーニング大家の不動産投資と子育て応援チャンネル」で毎日配信活動を行ったり、「元気が出る大家の会」を主催するなど精力的に活動している。

番外編

秀人の不動産ストーリー

登場人物紹介

番外編

中野平太郎のお話はいったん完結。
ここからは番外編として平太郎のお友だち、槍手秀人を主人公に
別パターンの不動産投資を見ていきましょう。

たまっち

「アズマベーカリー」の常連客で、不動産事業家。平太郎にかつての自分の姿を重ね、月曜の朝に不動産投資のイロハを教えている。一見、穏やかなメガネキャラだが、不動産のことを話し始めると、ついつい熱が入りすぎてしまうことも！

中野平太郎

35歳、独身。都内中堅企業で働く会社員。たまっちの指導のもと、不動産活動にいそしむ日々を送る。不器用でのんびりした性格だが、人との縁には恵まれている。戸建1棟、アパート1棟を所有。幼馴染みの秀人に、たまっちを紹介する。

槍《やり》手《て》秀《しゅう》人《と》

35歳、独身。超名門私立大学を卒業し、大手商社でバリバリ働くエリートサラリーマン。平太郎の幼馴染みで、社会人になったいまでも定期的にランチをするほど仲がいい。ナルシシストな自信家だけど、ちょっと天然で憎めない男。

——時はさかのぼり、平太郎が2棟目の物件を購入したばかりのころ。ある人物が平太郎の変化に注目していた。その人物とは平太郎の幼馴染み「槍手秀人」だ。秀人と平太郎は、社会人になったいまでも月に1回ほど会って食事をしたりするくされ縁である。

平太郎「このビストロ、おしゃれだね～。あんまり来ないような店だから緊張するよ」

秀人「商談や合コンでの使い勝手がいいし、ディナーと比べてランチは破格のコスパで楽しめるんだ」

平太郎「さすが秀ちゃん、お店選びにも商社マンのセンスが光ってるね！」

秀人「……ところで、平太郎、SNS見てると、なんか最近やけに元気に動いてないか？　僻《へき》地《ち》のラーメン屋さんに行った投稿が目立つのだが」

平太郎「そうかな？　SNSではちょっとぼやかしてるけど、実は、いま『不動産投資』を頑張ってて、物件見学のついでにご当地ラーメンを食べるのが楽しみなんだ」

秀人「不動産投資……？　あーっ、たまに会社に勧誘の電話がかかってくるやつだよな。だいたい話半分に聞いて断ってるよ。オマエ、胡散臭い儲け話に乗せられてないか？」

平太郎「そういうのとは違うけど……。とにかく僕、その『不動産投資』を始めて、いまは毎週物件を見に電車に乗って遠い街まで出かけているよ。これが遠足みたいで楽しいんだ」

秀人「遠足って、小学生じゃないんだから（笑）。いい年して、オマエは相変わらず呑気《のんき》だなあ。ってか、不動産投資って、都内のマンションじゃないのか？　俺が勧誘されるのは、だいたい都内の一等地のマンションだぞ」

平太郎「いや、**利益が出やすいのは都心からは少し離れた立地の、安く買える物件**なんだ。僕に不動産投資を教えてくれた人が言ってた」

秀人「オマエ、大丈夫か？　不動産ってのは、立地がもっとも重要なんじゃないのか？」

平太郎「あれっ？　秀ちゃんも不動産投資に興味あるの？　明日の朝もその人と会うことになっているから、秀ちゃんも来なよ。場所は……」

秀人（不動産投資か……。平太郎は田舎の物件なんか買って本当に儲かるのか？　でも、あいつは昔から人に恵まれているところはある……。話だけでも聞いてみるか）

平太郎「秀ちゃん！　聞いてる？」

秀人「ああ、じゃあ、明日朝、そのパン屋さんでな」

——帰り道、ひとりになった秀人は歩きながら考えた。

秀人（休日といえば、ふらっとソロキャンプに出かけるか、家で寝ながらアニメを見ていたあの平太郎が、いまや毎週末は欠かさず物件見学に飛び回っているとは……。この尋常じゃない変化、幼馴染みの俺でなきゃ見逃しちゃうね。それにしても不動産投資……ちょっと胡散臭い感じがするけど、俺が見極めてやろう）

36 「生き方を変えよう」と思ったきっかけ

――翌朝。アズマベーカリーで、平太郎、たまっち、秀人の3人が顔をそろえた。

平太郎「秀ちゃん、僕に不動産投資を教えてくれてるたまっちさんだよ」

秀人「初めまして。槍手秀人っていいます。平太郎とは小学校のときからの友達で、なんとなくいままで付き合いが続いてるような感じです」

平太郎「なんとなくって、ひどいなぁ。たまっちさん、秀ちゃんは子どものときから賢くて秀才の秀ちゃんって呼ばれてたくらいなんですよ」

秀人「いやあ、たまたまちょっと勉強できて、いまは**大手商社に勤めてバリバリやってる**だけですよ。そんなに褒めないでください（ドヤ）」

たまっち「秀人くんか、エリートなんだね！　たまっちです。よろしく」

平太郎「（たまっちに小声で）でも抜けてるところもあって、修学旅行の日を1日間違えて、半日遅れて合流してきたこともあるんですよ。憎めないところもあります」

秀人「ん？　何か言ったか⁇」

平太郎「……いや、なんでもないよ。……今日は秀ちゃんが不動産投資のことが聞きたいってことで連れてきました」

たまっち「気になることがあれば、どんどん質問してね」

秀人（言葉を交わして感じたが、温和な眼差《まなざ》しの奥にたぎる情熱の炎。幾多の死線を乗り越えてきた漢《おとこ》の眼光、限りなく至高の領域に近い。ただものじゃないってことは俺にもわかるぞ……）

——たまっちは、秀人の質問に答え始めた。

秀人「そもそも疑問なんですけど、『**不動産投資**』**って実際、儲かるんですか？**　失敗すると取り返しがつかないようなイメージがあって、これまで避けてきたんですけど」

たまっち「ちなみに、僕は『**不動産投資**』ではなく『**不動産賃貸業**』と呼ぶのがより実態に近いと思っている。バブル時代のような物件価格の値上がりで儲けを狙うのではなく、**毎月の家賃収入で堅実に利益を出すことを意識**した呼び方だ」

秀人「なるほど、不動産賃貸業か。同じ会社の先輩や同僚でもやっている人がいますよ。毎月ちょっとずつ赤字を出して、税金が返ってくるようなやり方の人が多いんですけど、あれも不動産投資、つまり、不動産賃貸業なんですか」

たまっち「個人的な意見としては、あえて赤字を出すようなスタイルはおすすめできない。秀人くんのようなエリートサラリーマンが多く実践しているけど、僕は事業単体でしっかり利益を出し、適切に経費計上して、しっかり黒字で納税したほうが将来的にはプラスが大きいと思っている」

秀人「なるほど……俺が知っている『不動産投資』のイメージを疑って見なくちゃいけないんだな」

たまっち「さすが秀人くん、物事の理解が早いな。これなら話が早そうだ」

平太郎（ん？　たまっちさんの対応が僕のときと違う！　さすがは秀ちゃんだ）

——たまっちは、以前に平太郎に説明したような、自らが考える不動産賃貸業のとらえ方を秀人に話した。

秀人「なるほど、借り入れによるレバレッジ効果で、投下した自己資本に対する収益率が非常に高いビジネスモデルなんだ。しかも、サラリーマンの信用が生かせる。これはペーパーアセット（*）にはない魅力と言える。忙しくても管理運営はそれほど高くないコストで専門会社に委託できる。**リスクを踏まえてもサラリーマンにぴったりの副業**と言えますね」

たまっち「さすが秀人くん、超名門私大を卒業後、大手商社で働いているだけあって、物事の飲み込みが非常に早い」

平太郎「こういうときの秀ちゃんは、たしかにすごいんだよな……」

秀人「平太郎、ふっ、そう褒めないでくれ」

平太郎「（こういうときに調子に乗らなければ、もっといいんだけどなぁ……）でも、秀ちゃ

（*）ペーパーアセット：現金や預金、有価証券（株式、債券、投資信託）などの資産のこと

んも前向きになってきた感じだね！」

秀人「会社の仕事はやりがいあるし、楽しいところもあるけど、残業が多いなど嫌な部分もあるのはたしかだ」

たまっち「僕も秀人くんと同じような思いがあったよ。でも、不動産賃貸業を始めてから、少しずつ残業を自主的に減らしていったんだ。会社を辞めてからは、サラリーマン時代より資産も収入も利益も大きく伸ばせている。そして何より、**時間の自由を得られたことが一番の財産**だと思っているよ」

秀人「時間の自由か……。俺は朝から夜までガッツリ働いて稼いで、合間に趣味や遊びをガンガンやってきました。でも、30代半ばになって、そろそろペースダウンして時間を大事にしたいような気もしてたんですよね」

たまっち「そんなふうに思うきっかけがあったのかい？」

秀人「実は……昨年、勤務医だった父が亡くなったんです。仕事一筋でバリバリ働いていたのに、定年直前というタイミングで突然、体調を崩して……。それを見ていたら、自分の生き方も少し見直さないとといけないって思ったっていうか……」

たまっち「そうだったんだね。大切なのは、自分の幸せの形を見つけること。周りの目を気にせず、とらわれずに自由に考えてみるといいよ」

平太郎「秀ちゃんはいつもバリバリ働いて、ガンガン稼いで、ウェイウェイ遊ぶのが好きだから、ずっとそれでいくのかと思ってたよ」

秀人「まあ、そういうのはもう終わりで、落ち着きたいっていう気持ちも出てきた感じかな」

たまっち「年を重ねるにつれて、そんなふうに考え方が変化していくことも自然なことだと思うよ。どんな生活をしてみたいとかイメージあるかな」

秀人「そうだなあ。とはいえ、時間の自由を得たら、海外旅行したりスポーツを楽しんだりしたいなあ。そんな生活を7～8年以内には実現したい。いまのサラリーマン年収950万円を少し超えるくらい、**1000万円の年間キャッシュフロー**を、サラリーマンを辞めても得られている状態だといいな、と思いますね」

たまっち「明確な目標があっていいね。秀人くんなら、頑張り次第でそんな人生を手にできるチャンスがあるんじゃないかな」

秀人「そうですかね……俺もまずは不動産賃貸業を勉強してみようかな」

平太郎「秀ちゃんの目の色が変わってきた！」

たまっち「目標と期限が決まってやる気も出てきたみたいだね。じゃあ次に会うときはどんなふうに進めるか話をしていこうか」

たまっちまとめ36

●エリート会社員ならではの高属性を生かせるのが不動産投資

●受け身で物件を購入するのではなく、きちんと目標設定を

第一線で活躍するサラリーマンにこそ、不動産賃貸業はおすすめの副業です。理解力が高く、戦略性を持ち、信用力も高い。そのパワーをフル活用して、個人的な資産形成に役立てることで、生き方の幅を広げることもできます。

37 エリートでも最初は300万円戸建から

——2週間後、3人は再び集まった。

秀人「たまっちさん、先日お会いしてから2週間で不動産投資の本を10冊読むタスクを消化しました！　自分と似た属性の不動産投資家の本を選んで読んで、ゲームのルールはおおよそわかりました。俺の**年収950万円パワー**と、**金融資産2000万円**をもってすれば、無双できそうなイージーゲームじゃないですか？」

——たまっちのメガネの奥の目が光る。

たまっち「それはどうかな……」

秀人「俺クラスだと、最初から大きな規模の物件を買って、ガンガン増やして、8年もかからず年間キャッシュフロー1000万円を手にできそうですよ」

平太郎「おお……すごい自信だ」

たまっち「でも、不動産賃貸業は、時代とともに環境や方法がどんどん変わっている。だから、秀人くんが読んだ本の通りに、そう簡単にうまくいくとは言いきれないんだ」

秀人「ええっ！　そうなんですか⁇」

たまっち「『不動産投資』関連の書籍はたくさん出ているけれど、融資の環境は数年ごとに変わっているから、たとえば10年前のやり方をいまも再現できるかというと、そうでもないことが多い。特にいまの時代はサラリーマンへの不動産賃貸業の融資は厳しくなっており、手元の資金をいかに用意できるかが重要になってきている」

平太郎「以前の書籍では、手出しほぼゼロで融資を引いて、資産拡大していた経営者の話が多く出ていたけど、いまはかなり少なくなってますよね」

たまっち「そうなんだ。そして僕は時代が移り変わっても再現できて、失敗ができるだけ少

なく、かつ仮に失敗してしまっても損失が最小になるような拡大方法を提案している」

秀人「そうなんですね……となると、俺が最初に買うべき物件も……」

たまっち「そう。平太郎くんと同じく200万~300万円程度の賃貸中の戸建を選んでほしい。エリアは1都3県のすぐ外側くらいのイメージだ」

平太郎「秀ちゃんでも戸建から始めたほうがいい、ということですね。買ってみてから、やっぱりやめたい、ってなる可能性もありますしね」

たまっち「賃貸経営を始めて、ストレス過多になったり不安を感じたりする人も出てくる。まだ起こってないことに対して不安を感じやすい性質の人もいる。体験して初めてわかることってあるんだ」

秀人「まあ、俺の強靱《きょうじん》なメンタルがあれば病むこともなさそうだけど」

平太郎「始める前からすごい強気……」

たまっち「まずは**小さな物件を融資を使わず手元の資金で買ってみてほしい**。実際に1~2か月保有してみて、メンタル面が大丈夫なら次に進んでもいい。万が一向いてないと判断して売却しても借金なしなら、すぐ辞められて傷も浅い」

秀人「お言葉ですが、たまっちさん。300万円の戸建物件なんてスケールだと、俺の燃えるハートが壊れることはないと思いますが。遠回りなのでは？」

たまっち「たしかに秀人くんは本業においては優秀かもしれないけど、**不動産の分野では経験がない初心者**にすぎない。実は秀人くんのようなエリートの人は、融資も多く受けられるし、本業で培った自信とノリで突き進んでしまうことが少なくない。たまたまいい物件で運営もうまくいけばいいけど、そうでなかった場合は……」

平太郎「やめるにやめられなくて、お金が残らない、むしろマイナスってこともあるんですよね！」

たまっち「その通り。僕は不動産賃貸業を志す人に、できるだけ損失を出さないでほしいと思っている。だから、最初こそ取り返しのつかない失敗を回避する慎重さが必要なんだ」

秀人「勉強でも最初は易しい問題から解いて、そのあとコツをつかんで応用問題に進むもんな。そう考えれば納得できる。たまっちさん、俺はサイコーの戸建を買って、いいスタートを切ってみせますよ」

たまっち「そうそう、その意気だ！　最初の戸建の購入に行ってらっしゃい！」

たまっちまとめ37

- 資金が潤沢にある場合でも、小さく始めるのが絶対ルール
- 念入りに勉強していても、古い情報が通用しないこともある

高収入のサラリーマンがいきなり大規模物件を購入したものの苦境に陥るというパターンはありがちです。焦らずに、ぜひ小規模物件から始めて経験を積みましょう。

38 2棟目は2000万円程度のアパートに

——要領がよく行動力も兼ね備えた秀人は、物件を探し始めて3か月で250万円、利回り15%の賃貸中戸建を見事に購入した。鋼のメンタルを持つ秀人にとっては朝飯前だったようだ。購入から1か月後、平太郎とともにたまっちに向き合う秀人の表情には、余裕の笑みが浮かんでいた。

秀人「最初の1棟目ですが、けっこうあっけなかったですね。物件情報の収集、現地調査、交渉とスムーズにいきすぎて、自分が怖いです（瞳がキラーン！）」

平太郎「なんだよ、それ。不動産会社の担当者に送ろうとしたLINEを間違えて僕に送ったりしてたくせに！」

秀人「（ギクッ！）まあ、そういうこともあったかな……ハハハ……」

たまっち「まあ、LINEの誤送信はやりがちなミスだ。これから気をつけてね」

秀人「はい！　それで、次こそ大型の物件に進んでいいんですよね！　いよいよ大型一棟マンションの大家さんデビューって感じですか！」

たまっち「いや、まだだ」

秀人「えっ⁇　じゃあ、どんな物件ですか？」

たまっち「次も平太郎くんと同じ、小規模の一棟アパートだ」

秀人「またコイツと一緒ですか⁇」

平太郎「その言い方、ひどいなぁ。たしかに僕は1000万円以下のアパートだったけど」

たまっち「ただ、秀人くんはまだ1700万円程度の自己資金が残っているはずだから、平太郎くんより少し大きめの物件が狙える。次は**物件価格2000万円くらいで利回り15％、築30年前後の6～8世帯アパートを探す**感じかな」

秀人「なるほど……その条件だと、今回も電車で1時間から2時間程度の範囲か」

たまっち「さすが、すでに研究できているようだね。ポータルサイトですぐに見つけて簡単に買えるレベルではないから、交渉は不可欠になるだろう」

平太郎「今回の購入の狙いは、**金融機関の融資を受けて買う経験や、共同住宅を経営する経験をすることなんですよね**」

たまっち「そうだ。特に秀人くんはこれから大型の物件購入に進んでいくことを視野に入れている。この規模の経営をしっかりやりきることによって、次のステージに自信を持って向かうことにつながるだろう」

秀人「まずは物件探しか。収益がしっかり出せる物件の出現率は非常に低いが、泣き言を言っても物件は買えんしな」

たまっち「僕が見たところ、秀人くんは物事の勘どころをつかむのが上手で、行動を継続できるチカラも持っている。地味な努力も積み重ねられるようだ。きっとよい成果を上げられるはずだよ」

平太郎（まだ何回かしか秀ちゃんに会っていないのに、そこまで読みきってるたまっちさん……すごいな）

秀人「はい、俺の名にかけて、アパート購入をやりきってみせますよ」

平太郎（……俺の名にかけてって、なんなんだ！）

たまっち「ちなみに2棟目のアパートは平太郎くんと同じ**日本政策金融公庫での借り入れ**を想定している。秀人くんはほかに借り入れもないし、サラリーマンとしての信用力も高いので1800万円は十分借りられるだろう」

たまっちまとめ38

- **高属性を持つ人でも、2棟目に買うべきは小規模アパート**
- **融資獲得と、共同住宅の経営の経験を得ることが狙い**

この2棟目をしっかり探しきれる人は、その後の規模拡大も順調に進められます。念入りな情報収集や交渉を重ねるなどといった地に足のついた努力を続けられるか。そこにかかっています。

39

3棟目はノンバンクで重量鉄骨アパートに

――そこからの秀人はすごかった。半年はかかると思われたアパート購入を4か月で達成。購入した物件は、たまっちから見ても十分に太鼓判を押せるものだった。不動産会社の営業担当者と何人も懇意になって、そのつながりで得た情報を生かした鮮やかな購入であった。そして次の物件購入に向けて、アズマベーカリーで作戦会議が開かれた。

平太郎「秀ちゃん、今回の物件もすごいし、速かったね！」

秀人「そうだろう。電光石火の秀人と呼んでくれ」

平太郎（出た！　またいつもの秀ちゃんのドヤり！）

たまっち「僕も今回は特に驚いたよ。北関東でありながら、立地も需給バランスもバッチリ

の物件だった。秀人くんのすごさが改めてわかったよ」

秀人「ありがとうございます。それほどでもあります（キラーン）」

平太郎「一応、今回の秀ちゃんのドジエピソードを報告しておきますと……」

秀人「おい！　そんな話はいいって！」

たまっち「これが楽しみなんだよな……人間味があるっていうか……」

秀人「たまっちさんまで!!」

平太郎「（メモを取り出しながら）決済の日に、印鑑を忘れて、家に取りに帰ったそうです。僕もよく知ってる不動産会社の営業の方が担当だったそうで、そこからの情報です」

たまっち「なんと！　それは大ピンチだったね。それで、どうなった⁇」

秀人「急いでタクシー呼んで、家に帰ってすぐに戻りました。今回は融資があった関係で、俺の家の近くで決済があったので、なんとか助かりました……」

たまっち「実印の印鑑は、絶対に忘れちゃいけないものだからねぇ。とはいえ、僕も整理整頓は得意なほうじゃないから、忘れ物やなくし物はしょっちゅうあるんだ（汗）。他人事《ひとごと》とは思えない。**契約や決済など大事な予定の場合は、数日前からしっかりチェック**しておきたいね」

平太郎「（ニヤニヤしながら）秀ちゃんは、普段から勉強もしっかりできてたんですけど、どこか抜けてるところがあって、それがまた憎めなかったりするんですよ」

秀人「……フッ、こういう失敗を積み重ねて、成長していくのさ」

たまっち「不動産賃貸業をしていると、ありがちな失敗というのがわかってくるから、それを体感しながらうまくやっていけるようになるといいよね」

秀人「それで、たまっちさん、次こそは大きめの物件、挑戦していいですよね。この俺に見合う大型マンションを、いよいよ手にできるんですよね！」

たまっち「（圧がすごいな……）あ、ああ。**3棟目の物件からは、いよいよキャッシュフローを追求する**ことになる。具体的には5000万円程度で築15年の重量鉄骨造の一棟マンションを狙ってみよう」

平太郎「おおっ！　ここへ来て、僕の物件とは違った展開！　やっぱり秀ちゃんはすごいな」

秀人「築15年か、これまでの物件と比べると、だいぶ新しいな。それに価格も一気に上がった。たしか平太郎のときは築年数はあまり重視していなかったようだけど……」

たまっち「物件の構造ごとに法定耐用年数が決まっていて、木造は22年、鉄骨は34年、RC造は47年となっている。これを超えると金融機関は建物価値をゼロと見なすとされているんだ」

秀人「たとえ高利回りでも、**築年数が古い物件では多くの金融機関が価値がないと判断する。つまり、評価が伸びないので融資を出してくれないのか**」

たまっち「その通り。ちなみに3棟目はサラリーマンに積極的に融資をしているX銀行で借りることを想定している。X銀行は（法定耐用年数－築年数）＋10年の融資が受けられて最長30年のローンが組める。金利は2・3％くらいだ。これは秀人くんのサラリーマンとしての信用が高いこと、手元資金に余裕があるからこそ提示可能な選択肢だ」

平太郎「人によって、取れる選択肢が違ってくるということですね」

秀人「フッ、俺クラスになれば、有利な条件で融資が受けられるということか」

平太郎「なんだか悔しいけど……仕方ないか」

たまっち「繰り返すけど、サラリーマンとしての属性を過信してはいけない。いまは銀行審査が適正化されて、属性がよくても持ち込む物件にチカラがなかったら融資を受けることはできないんだ」

秀人「本にはX銀行ならけっこう苦労せずに借りられたって話も書いてあったけど……」

たまっち「それは少し前の情報だ。かつて金融機関は『何かあったら給料から返してもらえばいい』という考え方をしていたけど、2018年に明るみに出たスルガ銀行の不正融資問題以降、各金融機関は融資の審査をより厳しくするようになって、いまに至るんだ」

秀人「立地はどのあたりを狙えばいいですか？」

たまっち「イメージとしては、**1都3県を一周する国道16号線沿いあたりが狙い目**だ。当然ながらライバルが多く、これまでの比ではなく物件の争奪戦が激化することだろう。利回りも市況に合わせた目線が必要になる」

秀人「まさに大激戦に挑んでいくわけだな。難問のほうが、この俺のハートは燃えてくるぜ」

平太郎「なんだ、この秀ちゃんの目の輝きは！　バトル漫画の主人公よろしく炎が見えるように燃えている！」

秀人「利回りはどの程度を狙えますかね？」

たまっち「正直、エリア次第といったところだね。具体的な数字を挙げるのも難しい。おそらく7～8％程度で出てくればいいほうで、そこから価格交渉をして利回りを上げていけるのかが鍵だ」

平太郎「利回りの水準が一気に変わった。そう簡単に利益が出る物件は出てこなさそうだなあ」

たまっち「そうだ。バトル漫画で言うなら、勝てそうもない超強敵に挑むようなものだ。当然ながら、容易に物件は見つからないだろう。情報収集力、人間関係の構築力、行動を継続するチカラ、交渉力など、総合的なチカラが求められる。まさに難問だ」

秀人「ここだな……ここが本当の勝負どころだな」

たまっち「秀人くんが狙う物件は、みんなが買いたい価格帯の物件だ。ゆえにスピード勝負となる。**収益物件の売買では融資の承諾順で買い手が決まる**ことが多いからね」

平太郎「となると、銀行攻略が鍵になりそうですね」

秀人「銀行が貸したくなる人物とは、どんな人なのですか？」

たまっち「個人的な意見だけど、銀行員が好みそうな人とは、真面目に返済しそうな人、浪費をしない人、地味で節約家といったところだね」

平太郎「派手な服装や無駄遣いしてそうな人はマイナス評価ということか……」

たまっち「さらに言うと、右肩上がりで残高が積み上がっている『美しい』通帳を作るといいだろう」

秀人「よし！　これから物件探しを再開だ。俺の辞書に不可能の文字はない！」

たまっちまとめ39

- **資金力があれば、3棟目は重量鉄骨アパートで飛躍できる**
- **高利回りの美味しい物件は人気。銀行攻略が鍵となる**

以前はサラリーマンが不動産投資用に億単位の融資を得ることもできたのですが、時代は変わりました。昨今は、金融機関からより多くの自己資金を求められたり、比較的小さめの物件への融資が好まれたりしているようです。

40 お金を取るか、時間を取るか

——さすがの秀人も3棟目の物件購入は苦労した。1年間必死に物件探しを続けて、ようやく思い通りの重量鉄骨造のマンションを購入することができた。彼はその後も毎週のように物件の現地調査を行い、手元資金が増えてきたころに少しずつ規模の大きな物件を購入し続けた。そして、秀人がたまっちに会ってから5年の月日が流れた。秀人は久しぶりにたまっちに会うために、日曜の朝、アズマベーカリーを訪れた。

秀人「ここであの人から初めて話を聞いてから5年が経つのか……あっ、たまっちさん」

たまっち「秀人くん、久しぶりだね」

秀人「平太郎は？」

平太郎「僕はここだよ」

――振り返ると、ベーカリーの店員の制服を着た平太郎が笑顔で立っていた。

秀人「ああ、オマエ、週末はこのベーカリーの手伝いしてたんだったな」

たまっち「店員さんとしての姿も板についてきたじゃないか」

平太郎「こむぎちゃんの出産が近づいてきて、手伝えるときは僕が手伝っているんです」

秀人「たしか結婚は去年だったか。あんなキレイなパートナーをゲットするなんて……オマエとは長い付き合いだけど、俺は初めてオマエがうらやましいと思ったよ」

平太郎「へへへ。それほどでも～。……で、不動産賃貸業のほうは順調？」

秀人「まあな。あのあとも重量鉄骨造やRC造のマンションを3棟買い進めることができて、いまじゃ100戸あまりのオーナーだよ」

平太郎「100戸以上か、それはすごいな」

たまっち「秀人くんは、3棟目の重量鉄骨造のマンションが買えたあと、同じ要領で似たスペックの物件を探して、地方銀行で融資を受けて買い進めた。この5年で合計で約3億円相当の物件を購入できたわけだ」

秀人「たまっちさんに正しいやり方を教えてもらって、それを繰り返し続けたからこそ、ここまで拡大できました」

たまっち「もう勘づいてると思うけど、そろそろ秀人くんのサラリーマン属性を活用した不動産賃貸業としては規模拡大の天井に近づいている」

秀人「はい。いま、年間家賃収入が約2800万円、月のキャッシュフローは60万円程度です」

たまっち「今日会いに来てくれたのは、やはり……」

秀人「はい、**会社を辞めるかどうか**の相談です」

平太郎「ええっ、そうだったのか！」

たまっち「秀人くんは会社員人生が非常にうまくいってるだろう。**順調だからこそ、辞めどきがわからない**というのはあると思うよ」

秀人「不思議なんですけど、副業として不動産賃貸業を始めたあとのほうが、本業がうまく回るようになってきたんです」

たまっち「というと？」

秀人「別のところからの収入があることで、気持ちが楽になりました。会社でも思いきって会議で提案できるようになったし、なんていうか、経営的な視点を持って仕事ができるようになりました」

たまっち「やっぱり。たしかに『**不動産賃貸業を始めてから、仕事がより楽しくなった、前向きに取り組めるようになった**』という声は多く聞かれるんだ。かく言う僕もそうだった」

平太郎「もう稼いでるから、会社の仕事なんて、やる気しなくなるのかと思ってました」

たまっち「そういう人もいるかもしれないけど、僕はそうじゃなかった。多くの関係先のおかげで不動産賃貸業をできている、と実感するようになって、一緒に働く仲間を大切にする気持ちも芽生えてきたんだ」

平太郎「経営者としての経験によって、視座が上がったんですね」

秀人「でも、ここまで収入が増えてくると、この会社で働くより、この副業を本業にしたほうが、やりたいことができるようになるんじゃないか、と思っている自分も顔を出し始めてきたんだ」

平太郎「あれ？　大企業のサラリーマンを辞めて個人事業主になったら、合コンでチヤホヤされなくなるのが心配って言ってたような（ニヤリ）」

秀人「（ギクッ！）まあ……それも迷っている一因ではあるようなないような……」

平太郎「でも、**会社を辞めたあとって、やっぱり追加の融資は受けにくくなるんじゃないですか？**」

たまっち「たしかにそうだけど、この数年間の不動産経営の実績や、確定申告の内容から秀人くんの経営能力を評価して『融資したい』という銀行も必ず現れるよ」

秀人「だとしても、会社を辞めるのは何かと不安だな……」

たまっち「迷ったときは、自分の『軸』を思い出して考えてほしい」

秀人「自分の『軸』か……。たしかに会社の先輩を見てても、上司との板挟みであまり楽しくなさそうだし、いまの会社でやりたいことはやりきった感もあるんだよな」

たまっち「人生って皮肉なもので、楽しみを老後に取っておいても、いざそのときになるとお金はあるけど、気力や体力の問題で上手に使えなかったりするんだ。親の介護だって始まるかもしれない」

平太郎「たしかに」

たまっち「これはひとつの考え方だけど、『いつかはやりたいこと』は老後に取っておくのではなく、できるだけ早くやっておいたほうがいい。僕は36歳で会社を辞めたけど、ベストなタイミングだったな、といまでも思っている」

秀人「俺のやりたいことか。よく考えてみよう……」

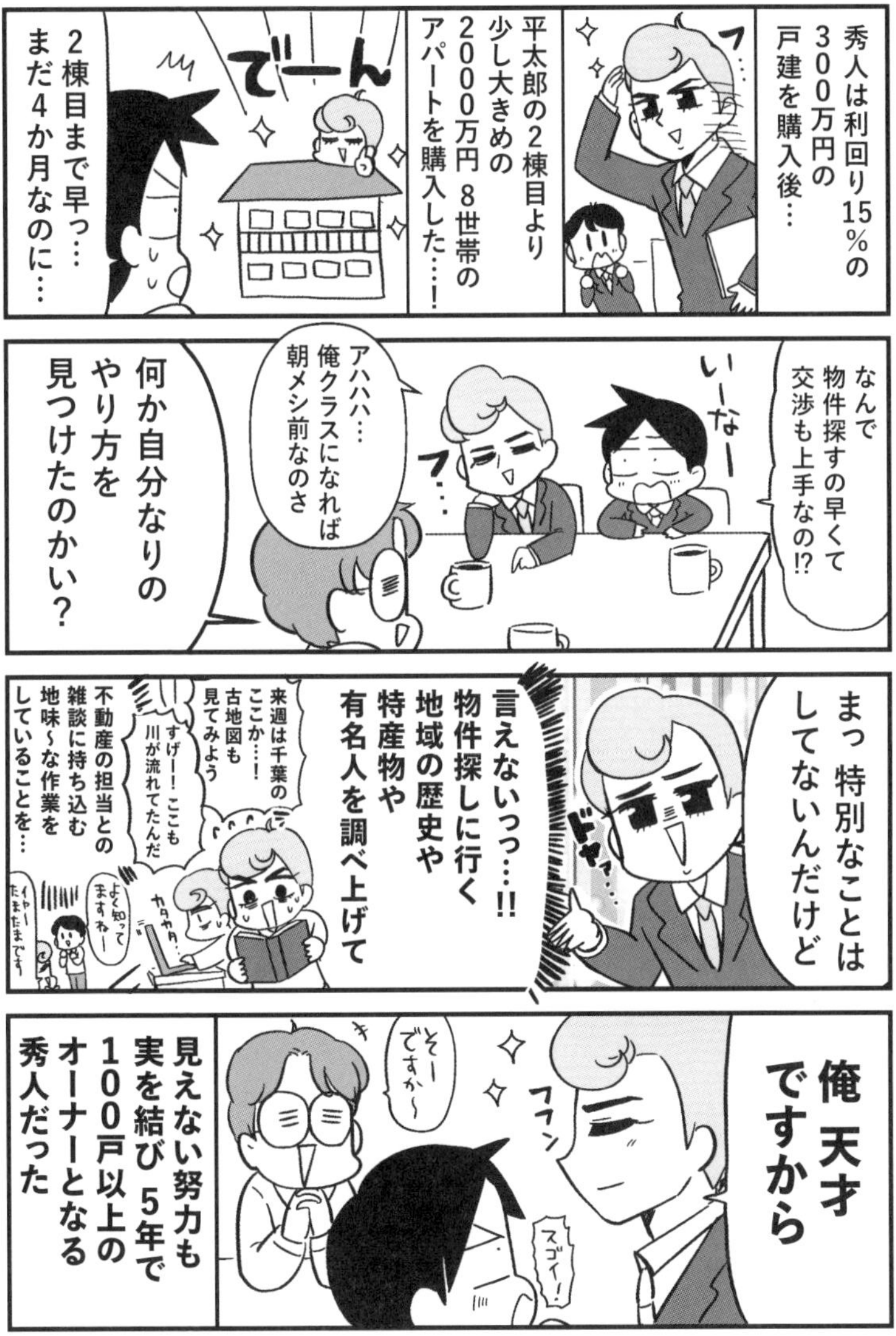

秀人は利回り15%の300万円の戸建を購入後…
フ…
平太郎の2棟目より少し大きめの2000万円 8世帯のアパートを購入した…!
でーん
2棟目まで早っ…まだ4か月なのに…
なんで物件探すの早くて交渉も上手なの⁉
いーなー
フ…
アハハハ…俺クラスになれば朝メシ前なのさ
何か自分なりのやり方を見つけたのかい？
まっ 特別なことはしてないんだけど
ドヤァ…
言えないっっ…!! 物件探しに行く地域の歴史や特産物や有名人を調べ上げて
来週は千葉のここか…! 古地図も見てみよう
すげー! ここも川が流れてたんだ
カタカタ…
不動産の担当との雑談に持ち込む地味〜な作業をしていることを…
よく知ってますねー
イヤー たまたまです
俺 天才ですから
フフン
そーですか〜
スゴイ!
見えない努力も実を結び 5年で100戸以上のオーナーとなる秀人だった

COLUMN 4

法人化のメリット、デメリット

規模が拡大したら法人化も視野に

不動産賃貸業の規模の拡大が進んだサラリーマンの方からよくいただく質問に「法人化はどのタイミングでしたらいいんでしょうか」というのがあるので、法人化のメリットとデメリットについてご説明しますね。

第一に税務面のメリットが挙げられます（以下はイメージとなりますので、詳細は税理士に確認してください）。

利益（黒字）の額ですが、目安として、個人の所得で年間８００万円を超えてきたあたりから検討するといいと言われています。これは、所得が９００万円を超えると税率が大きく上がることが根拠となっています。

自分が１００％株を保有する株式会社であれば、いわば自分の分身がひとり生まれるようなイメージです。ひとりで１０００万円の不動産所得がある人は、不動産のバランスを整えることで５００万円ずつに分配することができて、合計の支払う税額を減らすことも可能なのです。

次に、サラリーマンが配偶者を社会保険上、扶養している場合（パートナーが専業主婦といったケース）も、法人化のメリットがあります。退職して法人を立ち上げない場合、企業の社会保険の仕組みから外れるため、扶養できなくなります。企業の社会保険を外れた人も加入し続ける国民健康保険では、扶養の仕組みがないためです。それを防ぐために法人化してその役員となり、企業の社会保険に加入している状態にすれば、扶養状態を維持することができます。詳しくは社会保険労務士などの専門家に確認してください。

さらに、法人の決算を積み重ねていくと、事業承継をするときにメリットがあります。子どもに会社を引き継ぐときに、会社の実績をそのまま渡すことができる点です。個人事業主の場合は、あくまでも子どもとは別であるため、実績や信用をそのまま引き継ぐことはできません。

以上が主な法人設立のメリットですが、もちろん法人化にはデメリットもあります。売上ゼロでも法人住民税が必ずかかります。決算処理も煩雑なので基本的に税理士にお願いする必要があり、決算費用がかかります。年間で総額30万〜50万円くらいのランニングコストが発生するので、売上や利益が見込めないのに、深く考えずに会社を作ってしまうと維持費に苦労することになります。ご注意ください。

法人化に際してよくある質問が「株式会社と合同会社、どちらを設立したらいいですか」なんですが、僕は株式会社をすすめています。世の中では株式会社が一般的に認知されていて、イメージしやすいためです。合同会社では何かと小さく見られると感じる印象があります。ちなみに、合同会社の代表は「代表社員」、株式会社の代表は「代表取締役」ですが、「社長」はいずれの代表も好きに名乗っていいものなので安心してください。新法人設立後は代表者の属性が重視されるところから始まります。最初の物件は小さい物件を買うところから育てるようなことも多いようです。日本政策金融公庫には、特に創業時に利用できる融資制度もありますので、こちらもうまく使いたいですね。

教えてたまっちQ&A

Q 将来会社を辞めるとして、会社員のうちにやるべきことってある?

A クレジットカードを作っておきましょう。**独立後は審査に通りにくくなる**という意見は、よく聞かれます。また、独立直後は信用が一時的に落ちますので、不動産賃貸業の融資を受ける場合は意識しておきましょう。とはいえ、「融資を使わないと」と焦って物件の高値づかみをしてしまわないように注意してください。

Q 法人での融資って、どうやって借りるの?

A まずは個人で**融資を借りている既存の金融機関に独立の報告**をしましょう。「このたび不動産賃貸業の拡大をめざして専念することにしました」と挨拶回りをします。最初は貸してもらいにくいかもしれませんが、法人で黒字決算を毎年繰り返していくと、融資を受けやすくなってきます。決算3期分の実績がそろうまで物件購入を待てない場合は、前述の日本政策金融公庫の創業時の融資制度を活用するのも手です。

Q 法人では最初にどんな物件を買うべき？

A 個人的には、**賃貸中の戸建を融資を受けずに買う**のがおすすめです。融資を受けづらい最初は無理して借り入れをせずに、比較的経費がかかりにくい賃貸中戸建を購入して、家賃収入を得て黒字決算をめざしましょう。最初は法人にはお金が少ないため、「**役員貸付**」**として個人から購入資金を会社に貸し付けする**とよいでしょう。

Q 会社を辞めて失敗する人っていますか？

A 基本的に不動産賃貸業で成果を出している人は、行動力や勉強習慣がある人が多いので失敗しにくいと感じています。強いて言えば、**時間ができてもやることがないのが失**

敗なのかもしれません。管理委託を活用しての賃貸経営は、一度軌道に乗ると、新規の購入や売却などがない限り、ほぼやることがありません（もちろん、そこが不動産賃貸業のメリットでもあります）。そのため、専業大家になると時間的な余裕が生まれるようになります。僕のおすすめは、**やりたいことを明確にしてから辞める**ことです。たとえばボランティアサークルに入るとか、僕のように情報発信で生活を充実させるなどの方法で、社会とのつながりを確保しておくのがおすすめです。

時間やお金に余裕ができると、怪しい儲け話もいろいろやって来るようになるので注意してください。僕も痛い目にあった経験があります。どうしてもそれに乗る場合は、失っても仕方ないと思える額にとどめて、収入のメインは不動産賃貸業としておくのが一番というのが僕の考えです。

Q 転職を考えています。融資の影響が心配です。

A 転職直後の融資は難しいです。転職した人に銀行は「この人は新しい仕事が続くのかな」と評価が落ちるからです。勤続年数は最低でも1年、できれば3年欲しいところ。年収が上がる転職であれば、1年勤めて源泉徴収票が出ると評価されます。融資を受けて不動産を買いたい人は、**直近の転職は控えるか、転職後1年経ってからトライ**しましょう。

Q フリーランスです。この本で紹介されているような方法での不動産投資はできますか？

A 公庫からお金を借りるためには、確定申告をきちんとしていれば問題ありません。ただし、民間の金融機関からお金を借りて不動産を買うのは、サラリーマンより難しいです。サラリーマンと比べて収入の安定性がない分、**手元現金が豊富なことをアピール**するのが大事です。毎月入ってくるお金に手をつけず、堅実に通帳残高を増やせるようにしましょう。**住んでいるエリアと投資したいエリアをカバーする金融機関（地方銀行や信用金庫など）に口座を作って、お金を貯める**のがおすすめです。日ごろから節約に励んで、まずは黒字の申告を心がけましょう。

エピローグ　あれから10年……それぞれの人生

今朝もベーカリーには、サラリーマンや学生が朝食や昼食用のパンを買いにやってくる。かつては僕もそのひとりだった。

10年。その月日は、長いようで、あっという間だった。10年前、あのメガネの紳士とこのベーカリーで知り合うまでは、将来のイメージも持てず、なんとなく会社に行って仕事をこなす日々だった。

「平太郎くん」

その心地よいバリトンボイスは、10年前から変わっていない。パンとコーヒーと文庫本。服装まであのときと同じようだ。

「酵太《こうた》くんは元気かい？」

メガネの奥の微笑みまで、あの10年前と同じだ。

「はい、今日は幼稚園に行くのを嫌がって……こむぎちゃんも手を焼いています」

「そうか……うちの娘もたまに幼稚園に行くのを嫌がったなあ。抱えたまま幼稚園のバスに押し込んだのを思い出すよ。その娘ももうすぐ高校生だ」

窓の外を見ながら、たまっちさんは懐かしそうに微笑んだ。

10年前、僕はこの人から、新しい人生が広がる可能性を学んだ。

「それで、新しい生活はどうだい？　暇になって困っちゃいないか？」

たまっちさんはいたずらっぽく笑った。

「ええ、最初はやっぱりのんびり過ごしましたけど、それも飽きてきました。子どもの幼稚園の送り迎えをしたり、このベーカリーの手伝いをしたりして、楽しく過ごしてますよ」

「そうか。それはよかった」

僕は先月、会社を辞めた。10年前に不動産賃貸業を始めて、戸建、アパート……と少しずつ買い増していった。途中、売却も挟みながら、徐々に右肩上がりに物件の規模、戸数、家賃収入が増えてきた。ここ1年では、サラリーマンの収入の8割くらいのキャッシュフローを得られるようになってきた。

ここ3年は、年に1棟程度買うようなペースだった。それでも10年という月日の持つパワーはすごい。サラリーマンとしての評価を超えて、経営者として評価され、少しずつ買える物件の規模が大きくなっていった。でも、僕は変わらず会社に行き続ける日々を過ごしていた。不動産賃貸業をやっていることは会社の仲間や同僚などには誰ひとり伝えていなかったし、まだまだ会社を辞めるなんて、考えられなかった。

「……で、どういうきっかけがあったの？」

僕はたまっちさんに、退職までの経緯を説明した。

だいぶ前から僕の勤める会社は、限界を迎えていたのだろう。たまっちさんと出会った10年ほど前をピークに売上、利益とも徐々に下がり始めていた。毎年出ていたボーナスも3年ほど前から少なくなり始めた。そして、とうとう去年からは支給されなくなった。ボーナス返済をあてにして新築戸建のマイホームを買ったばかりの同僚は、残り35年のローンをどう返すか、本気で悩んで頭を抱えていた。僕は結婚して5年、賃貸マンション暮らしだった。妻のこむぎちゃんもこのベーカリーで働いていたから、なんとかやっていけるかなあと思っていた。

そんな折だ。創業以来、初めての早期退職募集が行われた。幾多の経済危機も、リストラなしで乗り越えてきたうちの会社も、いよいよ本当に追い込まれたんだ、と実感した。

まあ、年齢制限もあるだろうし、自分には無関係か……と思いながら、その募集要件を見てみたら、年齢欄にはこうあった。

「45歳以上」

僕は先日、家族に45歳のお祝いをしてもらったばかりだった。40歳と少々遅めの結婚で、ひとり息子もまだ小さいから、もう自分がそんな年になったのか、とびっくりしたことを思い出した。

「あれっ？　もしかして……」

そのとき、体じゅうに電気が走ったような衝撃を感じた。

僕も辞められる。辞めたい。

それまで、会社を辞めるなんてずっと先のことだと思っていた。10年前、「年収1000万円を得たい」なんて目標設定に書いていたけど、そこまで甘くはなかった。とはいえ、その目標の半分くらいのところまでは実現できていたし、サラリーマンとして得ていた給料と同じくらいの手取り収入にはなっていた。

僕は1日考えた。会社を辞めたらどんなことをするか。辞めたあとも不動産賃貸業を拡大していけそうか。

こむぎちゃんに説明したところ、「あなたが決めたことなら」と応援してくれた。

「そして、上乗せされた退職金を手にして晴れて自由の身になったってわけか。うらやましすぎるよ」

たまっちさんは僕の話を聞いて、苦笑した。僕より9歳も若くして自由の身になったくせに。僕のほうがあなたをうらやむ気持ちが強いですよ！　と言いそうになるのをこらえる。

「僕のときは勤続10年超えてたはずなのに、退職金なんて雀《すずめ》の涙。まあ、最初からあてにしてなかったけどね」

苦笑いを続けるたまっちさんを見て、僕も苦笑していると、後ろから声が聞こえてきた。

「平太郎、久しぶりだな」

振り返ると、秀ちゃんがいた。槍手秀人。僕とは幼馴染みで、くされ縁の仲だ。彼も不動産賃貸業をしていた。思えば彼にたまっちさんを紹介したのは僕だ。

「会社、辞めたんだって？　こっち側の世界にようこそ」

秀ちゃんはココアを手にしながら座った。ヤリ手のエリートサラリーマンだった。手元の資金やサラリーマンとしての高い評価を武器に、不動産賃貸業の副業で結果を残した。始めて5年でキャッシュフロー年間700万円以上に届くものすごい勢いだった。僕がカメなら、秀ちゃんはウサギだ。でも、エリートなのに、どことなく抜けていて、憎めないところもある。飲み物のチョイスもなんだかかわいらしくて、僕は噴き出しそうになった。

「秀人くんも辞めてから4年経ったか。その後、生活はどう?」

たまっちさんは秀人くんに座るよう促しながらたずねた。

「そうですね、最初の1年は海外旅行したり、スポーツしたりして遊んでたんですけど、それも飽きてきて、いまでは不動産賃貸業をやりたい人に、やり方や考え方を伝えたりしてます。まあ、たまっちさんの受け売りですけどね」

「それはいいね。僕も音声配信したり、仲間と集まったり、コミュニティーを作ったりしているけど、カバーできる範囲はそう広くない。秀人くんのように優秀な人が後輩のサポートをしてくれると、きっと救われる人が増えると思うな」

たまっちさんは、微笑みながら秀ちゃんに応えた。

「10代とか20代で、これから社会を背負う世代にも、お金とか不動産の話をする機会を増やしていきたいと思っています」

秀ちゃんは、不動産賃貸業を始めて5年で退職した。それから4年の歳月が流れたが、退職してからより若々しくなった気がする。不動産賃貸業を始めたころは、お父さんを亡くした直後で、なんとなく元気がなかったような気がしていたけど……。

「……平太郎、聞いてるか⁇　で、オマエは何をやっていきたいんだよ」

ぼんやりしていたら、秀ちゃんが僕に話しかけていたのに気づいた。

「あ、ああ。僕は酵太とこむぎちゃんと、のんびりゆっくり過ごしていけたらいいかな……なんて」

「オマエは変わらないなぁ。たまっちさんとか俺みたいに世のため人のため、みたいな気持ちはないのかよ」

「まあまあ、退職後の生き方は人それぞれさ」

そう言って、秀ちゃんをたしなめるたまっちさん。その横顔を見ていると、なんだか安心する。そうだ、僕は家族みんなで楽しく過ごしていきたい。このベーカリーをたまに手伝いながら、家族みんなで幸せな時間を過ごしていきたい。それは偽りのない気持ちだった。お菓子作りに熱心なこむぎちゃんは、新作のパンをベーカリーで出し続ける一方、週末はマルシェに出店したりと仕事の幅を広げている。こむぎちゃんを支えながら、世界中のパンやお菓子を食べ歩いたりしていくのも楽しそうかな、とも思う。

「たまっちさんは、最近どうやって過ごしているんですか？」

僕は、たまっちさんに話を向けた。

「僕？　僕は相変わらずさ。子どもを学校に送り出したら、このベーカリーにやってきて、パンとコーヒーと文庫本を楽しむ。あとは大好きな音声配信を続けて、お金とかキャリア、不動産の話を伝えたりして日常を過ごしているよ」

たまっちさんは変わらない。そこが安心する。

「でも、ちょっとずつ挑戦も続けてきた。お金や時間の自由を得て、やりたいことをやって生きている、またはそうなりたい仲間たちが全国から集まるコミュニティーを新たに作って楽しく過ごしているよ。あっ、でも、不動産賃貸業もしっかり続けているよ。これは僕の事業の柱だからね」

僕は、挑戦をしつつも自然体でい続けるたまっちさんを、心底うらやましいと思った。

「まあ、それが僕の幸せってことかな」

幸せか。この国で、幸せだ、って言いながら暮らしている人ってどれくらいいるんだろう。少なくとも、ここにそろった3人は、きっとそれぞれの幸せを理解して、それを感じながら生活できているんだろう。

「たまっちさん」

「ん？」

「……僕、あのとき始めてよかったです」

僕は、たまっちさんの目を見つめて言った。

「あのとき不動産賃貸業の副業を始めていなかったら、きっと早期退職の募集に手を挙げることはできなかったと思います。周りの同僚は、募集があっても、その後の収入の見通しが立たないから、給料が下がるのをわかっていても、手を挙げられない様子でした」

「それは、君が決めて、やり抜いたからだよ」

「………」

僕と秀ちゃんは黙ってたまっちさんを見た。

「君たちふたりは、自分で人生を切り開いたんだ。お金のこと、不動産のことなんて全然わかっていない状態だったのに、自分で情報を得て、自分なりに解釈して、それぞれのやり方でやり抜いて、成果を手にした。そこまでいけるのは、100人中ひとりいるかどうかだ」

たまっちさんは落ち着いた表情で言った。

「情報はたくさんあふれている。本を読めば、不動産賃貸業の始め方、進め方もわかるはずだ。でも、大切なのは、決めて、やり抜くことだ。それができなくて、人生を変えられていない人が大半なんだ」

ふたりが帰り、ベーカリーの閉店作業を終えてひとりで歩きながら、僕はつぶやいた。

「決めて、やり抜く、か……」

僕は思う。これからも迷うことはあるだろうけど、情報を集めて分析して、やると決めたら、それをやり抜いていこう、と。

平凡な僕にもできた。この本をここまで読んでくれたあなたなら、きっとできるはずだ。

次は、あなたの番だ。

不動産投資家対談❷

たまっち×でこひろし

管理職として多忙な日々を過ごす傍ら、副業の不動産投資に成功。
いまでは会社も辞めて悠々自適の生活に。

600万円台で中古1Rマンションを購入

たまっち　今日はよろしくお願いします。ご近所住まいで、同じように情報発信をしているでこひろしさんなので、お話しできるのを楽しみにしていました。

でこひろし　ありがとうございます。たまっちさんとは、不動産投資の勉強会で出会って、その後、近所でお茶をしてお話ししたのが始まりでしたね。その後もいろいろな関わりがありました。

たまっち　いつも僕の発信活動を応援してくれていますね。感謝しています。でこひろしさんはＹｏｕＴｕｂｅもやっていて、僕もチャンネルに出演させてもらいました。

でこひろし　あのときはありがとうございました。今日は書籍の企画で対談できるのを楽しみにしてきました。よろしくお願いし

ます。

たまっち では、まず自己紹介と、いまの所有物件の運営状況を教えてください。

でこひろし ＩＴ業の会社員から独立して不動産で生計を立ててます。専業大家になって5年目の48歳です。物件は10棟ほど保有していて部屋数は１００室ちょっと。主に1都3県と自宅から日帰り可能なエリアで物件を所有しています。収益重視のスタイルなので、築古の高利回りの物件がメインです。ＲＣ造や鉄骨造の物件も持っていますが、木造物件が多いです。

たまっち 不動産投資のことは、いつごろ知ったのですか？

でこひろし 37歳のころなので10年以上前です。当時は**社内で順調に昇進し、管理職となり、年収８００万円**くらいもらっていました。でも、上と下の板挟みで仕事は楽しくなくなってきて、自分の仕事に飽きがきていた時期でした。それで異動願を出したり、転職も考えたりしていました。結婚から数年経ち、小さな子どももいる状態でした。

たまっち 30代半ばですか。このままでいいのかな、とキャリアの面で悩む世代ですよね。

でこひろし はい。そのころは世の中にスマホが普及してきて、通勤時間に気軽にネットサーフィンができるようになっていました。そんななかで、インターネット上で「サラリーマンでも家賃で月収100万円！」みたいなことを発信している人たちがいることを知って、「自分でもできるんじゃないか」と考えるようになりました。

たまっち　それでやってみようと思ったのですね。物件はどうやって探してました？

でこひろし　最初はポータルサイトでひたすら物件を眺めていました。そうすると相場観が養われて、物件を見て「あっ、これは安いな」というのがわかるようになってきたので、そういった物件へ問い合わせをしてました。でも、問い合わせすると折り返しの電話で、「それじゃあ一度来社してください」とか言われるじゃないですか。それは怖いので、のらりくらりと避けてました（笑）。

たまっち　実際に対面となると、不安ですよね。気持ちはわかります。

でこひろし　当時は「何を買わされるんだろう」みたいな不信感があって（苦笑）。

たまっち　不動産屋さん＝悪徳業者みたいなイメージがあったんですね。

でこひろし　もうビクビクしながら行きましたよ（笑）。そうしたら、駅前ビルの高層階にオフィスがあって、めちゃくちゃ優しそうな社長さんが対応してくれて、拍子抜けしました。おまけに初心者の僕に、不動産投資の講義までしてくれました。それで「もしかして、自分のイメージは誤解だったのでは」と考えを改めて、それから積極的に動くようになりました。

たまっち　いよいよ前に進むのですね！　最初はどんな物件を買ったのですか？

でこひろし　中古のワンルーム区分マンションを探してました。ワンルームにこだわった理由は価格です。当時の僕は**借金をしたくなかったので、手持ちの現金で買える範囲の物件を探しました。**手持ち資金が1000万円ほど貯まっていたので、予算600万円くらいで物件を探しました。

たまっち　最初の物件で失敗すると大変なので、無借金で小規模の物件を買ったのはナイスな判断ですね！　物件のスペックはどんな感じですか？

でこひろし　当時の自宅から近い範囲で探して、川崎《かわさき》市の溝《みぞ》の口《くち》駅エリアで築21年の賃貸中の物件を600万円台で買いました。表面利回りは12・7%で、これは割安だ！　と感じましたね。

たまっち　JRと東急が交差するターミナル駅ですね。いまだと見つからない好条件だと思います。購入したときの気持ちは？

でこひろし 「これでやっとスタートが切れる」ってワクワク感がありました。「不動産投資の扉を開けると何が起こるんだろう！」って思ってました。

たまっち 実際、生活上の変化は何か起こりましたか？

でこひろし 何も起こらなかったです（笑）。肩透かしを食らったという印象です。賃貸中の物件を買ったので、やることといったら毎月送られてくる家賃明細を見ることくらいです。家賃7万円から管理費や修繕積立金が引かれて6・2万円が口座に振り込まれる。預けた約600万円を毎月約6万円ずつ引き出している感じで、人生が変わる実感はなかったです。

区分からアパートへステップアップ

たまっち 待望の副収入ではあったものの、金額的には人生が変わるほどではなかったわけですね。その次はどう進んだのですか？

でこひろし　最初の区分マンションを買うときに、営業マンから「でこひろしさんなら金融機関から融資を受けて不動産を買えますよ」と提案されていたんです。でも、僕は借金したくないので断っていました。あとあとになって**他人資本を使う重要性**に気がついて、ネットで「レバレッジ（＊1）」について調べて、ようやく一棟ものを買う決心がつきました。

たまっち　多くの不動産投資家（経営者）が最初に感じる借金への不安、恐怖ですね。調べて学んで、その壁も乗り越えられたということですね。

でこひろし　はい。その間も残業が続いていて、お金を使う暇がなく、年に200万〜300万円は貯金できてました。共働きというのも大きかったですね。それで、ポータルサイトで**2000万〜3000万円くらいの収益性の高い一棟アパート**を探し始めました。

たまっち　いよいよ一棟ものに進むのですね！　どのあたりのエリアで探しましたか？

でこひろし　自宅から物件を見にいける範囲ということで、1都3県に絞りました。問い合わせと現地調査を繰り返して、探し始めてから1年後に買えました。

たまっち　収益性が高い物件は簡単には見つからなかったと思いますが、でこひろしさんは物件探しを継続したのですね！　買えたのはどんな物件でしたか？

（＊1）レバレッジ：「てこの原理」のように、小さい力（資金）でより大きいもの（投資効果）を動かすこと。不動産投資では融資を受けることで短期間での規模拡大が可能となる

でこひろし　千葉県松戸《まつど》市の小さめの駅から徒歩18分に立つ築29年の全14室のアパートです。価格は3000万円くらいで、利回り約17％でした。1部屋あたり17㎡の広さで、水回りは風呂・洗面台・トイレが同じスペースにある3点ユニットです。

たまっち　20㎡を切る狭さで、不人気の3点ユニットの単身用物件。その条件だけを聞くと、ちょっと入居募集が難しそうな印象があります。

でこひろし　それが14部屋中、10室入居していたんですよ。まあ、当時は「4つも空いてる！」と思ってしまったんですけどね。この物件、同じ造りの2棟が並んでいるんです。夜、仕事終わりに見に行ったら、隣のアパートはカーテンが全室ついていて、明かりもついていた。それを見て「運営をしっかりやれば満室にできるんじゃないか」と安心材料になりました。

たまっち　一般的には、同じようなタイプの部屋が近隣に多くある場合、入居募集は苦戦するものなのですが、賃貸の需要が十分にあったのですね。融資はどうされたんですか？

でこひろし　日本政策金融公庫から借りました。最初に買った区分を共同担保（共担）（＊2）に入れたことで融資額が伸びて、9割ほどの融資が受けられました。

（＊2）共同担保（共担）：208ページ参照

たまっち 本書でも、無担保の物件を共担に入れて融資額を伸ばすのはおすすめしています。何か融資の勉強はしましたか？

でこひろし いえ、担当と面談してたら「共担入れます？」と聞かれたので、流れで「はい」って答えてました（笑）。

たまっち 流れで共担は大胆すぎます（笑）。でも、結果的に融資額が伸びたのはよかったですね。初めてのアパートを買ったときの気持ちは？

でこひろし 満室で**家賃収入が約40万円を超えて、返済が半分くらいで十数万円の手残り**がありました。これくらいの額が毎月のサラリーマンの給料にプラスされると、「これが自分が求めていたものだ！」と確信できました。

たまっち 不動産投資の醍醐味である**レバレッジの効果を実感した瞬間**ですね。規模が大きくなって、サラリーマンのお給料に加えてインパクトある収入が得られるようになってくると、人生が変わり始めた実感を持てますよね。

でこひろし 最初の区分マンションだと、約600万円の自己資金を使って月約6万円の収入ですが、アパートは手出し約300万円で、区分マンションのときの3倍くらい手残りがあるので、「これなら収入が大きく増やせる！」と思いました。「**これを繰り返したらすごいことになるぞ！**」**って高揚した**のを覚えています。

たまっち　この感情が持てるようになると、一気にやる気が増しますね。

でこひろし　ちなみに妻はもともと借金反対派だったんですけど、収支シミュレーションを見せて説明しました。でも、明確な許可は得ずに、なし崩し的にやりました。そこはあまり読者の方におすすめはできないです（汗）。

たまっち　パートナーに許可は得られないまでも、説明をして反対はされなかったわけですよね。それなら、理解は得られていたんじゃないでしょうか。たまにパートナーに説明もせず、こっそりやってしまっている人もいますが、これには僕は反対ですね。

でこひろし　たしかに。

たまっち　少なくとも借金をしてやっているなら、パートナーにその事実を説明しておいたほうがいいと思います。それで、このあとはどういうふうに買い進めたのですか？

でこひろし　次の物件が収益性の高い「お宝物件」でした。都内の自宅から徒歩圏にある物件で、当時築45年のアパートです。１ＤＫが12室で、半分が入居中。価格が３５００万円で、満室想定の利回りは18％です。路線価（＊3）で土地値は5500万円。しかも見た目は築20年くらいに見えます。柱を残して実質建て替えに近い形のリフォームをしたようなんです。

たまっち すごくよさそうな物件ですね。どうやって見つけたのですか？

でこひろし 大家の会で知り合った人が現地調査をするのについていったんです。その方が購入を見送ったので、「僕が買っていいですか？」って言いました。

たまっち 融資はどうしたのですか？

でこひろし 金利が高めのノンバンクから借りて買いました。金利は3・9％で、諸経費を含んだ3700万円のオーバーローンが通りました。

たまっち 都内の物件で、土地としての評価があったのが融資額も伸びた要因ですね！

でこひろし おかげで手元資金を使わずに物件を買えました。いまの時代では難しいでしょうね。

たまっち いまは手元資金の額がものを言いますからね。資金を用意できた人が、よりチャンスをつかみやすい時代です。購入したあとに入居率改善に向けて取り組んだことを教

（＊3）路線価：道路（路線）に面する宅地1㎡あたりの評価額のこと。相続税や贈与税を算定するときの基準として適用される

えてください。

でこひろし　地域の不動産会社さんに賃貸用の物件資料を渡しながら、「入居募集の活動、お願いします！」って言って回りました。地道な活動ですが、意外と効果がありました。イメージアップのために、部屋の飾りつけをするステージングもやりました。空室対策の本を参考にしました。その結果、購入から半年で満室になりました。

たまっち　もともとの物件にチカラがあったとはいえ、半年で6部屋の入居決定はすごいです。でこひろしさんの成功の要因として、やるべきことを正しく知り、キッチリやり抜くところがあるように思います。**不動産賃貸業で大切なのは、奇をてらうことではなく、基本に忠実に行動を続けること**ですからね。

でこひろし　ありがとうございます。そのあとは信用金庫に借り換えて、財務状況を改善させました。月額の家賃が約50万円、返済が約16万円で経費も差し引くと、毎月30万円弱が手残りになりました。

たまっち　入居率を改善したことで、ほかの金融機関から見ても魅力的な物件に変わっていったのですね。最初は条件がよくない融資を受けたとしても、伸びしろのある物件を購入できれば、そのあと融資条件を改善することはできる。でこひろしさんはこの大切なことを身をもって示してくれていますね。

退職、これからやりたいこと

たまっち　その後も物件を増やして、2019年に晴れて会社を退職したのですね。

でこひろし　会社を辞めたタイミングでは**10棟90室、総投資額は3億5000万円**くらいでした。家賃収入は4500万円くらいありました。

たまっち　規模、収入ともに申し分ないレベルですね～！　なぜ退職を決意したのですか？

でこひろし　僕はもともと会社を辞めようとは思ってなかったんです。給与収入と不動産収入のダブルインカムの生活に満足していました。でも、次第に、このままサラリーマンを続けたとして自分はどうなっていくのか？　と考えるようになりました。上司たちの働く姿に魅力を感じなかったのです。そんななかで、会社で将来こうなりたい、というビジョンが描けず、辞めることを決めました。退職の2年前から法人を設立して、所得分散（＊

4）を進めました。

たまっち　会社を辞めてからは、どんな過ごし方をしましたか？

でこひろし　ランニングが好きなので、グアムでマラソン、石垣島《いしがきじま》でトライアスロンをやりました。あとは株式投資のデイトレードにも挑戦しました。

たまっち　アクティブですね！　会社を辞めると暇を持て余す人もいますが、でこひろしさんはうまく時間を活用して楽しんでいますね。

でこひろし　暇な状態に飽きるということはなくて、ＹｏｕＴｕｂｅでの発信を始めてみたり、不動産サイトでコラムを書いたり、ラジオパーソナリティーをやったりといろいろなことに挑戦しました。何かに取り組んでると、そこから人との縁ができて、さらに新しいことを紹介されたりするんですよね。

たまっち　よくわかります。特に情報発信をすると、その内容や考え方、価値観に共感してくれる人が周りに集まってくる。僕も退職してから7年以上やっていますが、毎日楽しく発信できています。

でこひろし　「会社を辞めて不安じゃない？」と聞かれることもありますが、あまり不安は

（＊4）所得分散：法人化することで可能になる節税対策の一つ。給与を家族などに支給するなどして分散させることで、所得税を抑えることができる

感じていません。**毎月のキャッシュフローできちんと生活が賄えて、バランスシートの純資産が増え続けて、元本返済が進んで負債が減っています。**大きく支出を増やせば収支バランスが崩れるでしょうけど、いまの僕の暮らしなら特に問題ありません。

たまっち 見逃せないのが、サラリーマン時代にかかっていたお金がかからなくなり、支出が減ることですね。毎日のランチ代も家で食べるからかからないし、会社の付き合いでの飲み会も行かなくなります。通勤がないので、時間的な余裕も生まれますね。不動産の活動のほうは会社を辞めたあと、どうなっていますか？

でこひろし 昔ほど不動産を買うことにワクワクしてないので、あまり物件を探してないです。もちろん割安な物件が出たら動きますが、いまはそう簡単に安く買える時代じゃないですしね。**物件探しより自分がやりたいことに時間を使いたい**です。

たまっち 価値観が変化してきたということですね。でこひろしさんなら、すでに情報が集まってくる状態を作れているはずなので、届いた情報を精査するくらいで十分ですね。

でこひろし そうですね。いい情報が来たらやってみようかな、というくらいですね。もう資産規模を増やすことは意識していないので、ワクワクすることに取り組みたいです。

たまっち　とはいえ、でこひろしさんが退職後もいろんな物件を買い続けているのを僕は知っていますよ（笑）。ご近所ということもあり、桜の季節に一緒にお花見をするのが楽しみです。人の少ない平日午後の穴場の公園で、ぜひ、また桜を見ながらのんびり語りましょう（笑）。

でこひろし　そうですね。そんな時間を持てているのが一番の幸せだと思います。

たまっち　同感です。**お金を使わなくても、時間をぜいたくに使うことで、幸せを感じられるのもまた真実**ですね。今日は楽しいお話を聞かせていただき、ありがとうございました。

でこひろし
東京都在住。山梨県出身。趣味はマラソン、キックボクシングなど。2013年3月の区分ワンルーム購入を皮切りに、以降6年間で11棟90室の不動産を購入。2019年3月末に21年間のサラリーマン生活に終止符を打ち退職、専業大家となる。不動産情報サイト「楽待」でのコラム執筆、運営チャンネル「でこひろしYouTube不動産」での動画配信など、情報発信も積極的に行っている。

おわりに

不動産投資を決断し、やり抜くために大切なこと

この本を最後まで読んでいただき、ありがとうございました。

読んでみて、いかがでしたか。

最終的に、平太郎くん、秀人くんともに会社を辞めることになりましたが、僕は必ずしも「不動産投資をして、会社を辞めよう！」とすすめているわけではありません。不動産投資で副業収入を得ながら、会社勤めを楽しんでやっていくのもまたひとつの選択。すべては、人生の「軸」をもとに判断すればいいのです。

就職したときの僕は、学校を出たらサラリーマンになるのが当たり前だと思っていました。結果的にサラリーマンを経験し、たくさんのことを学びましたが、そのなかで、次のような強烈な欲求を感じたのです。

「自由になりたい」「好きなときに好きな人と、好きなように働きたい」

わがまますぎてあきれられるかもしれません。でも、これが僕の「軸」だったのです。この「軸」を外していたら、僕は僕の人生を生きているとは言えなかった。それに、サラリーマンをやりながら気づいたのです。

課題は「お金（収入）」でした。いきなり会社を辞めるのは、経済的に無謀。ならば自分の労働以外で収入を得る方法はないか……。その試行錯誤のなかで、僕は不動産投資に出合うことができました。

この本を読んでみたけれど、不動産投資をやってみたい、とは思わなかった方。その感覚も大切にしてください。少なくとも、不動産投資のイメージをつかむことはできたはず。また気持ちが変わったら、この本を読み返してみてください。

そして、この本を読んで、不動産投資をやってみたい、と思ったあなたへ。

ひとつ、お願いがあります。

その熱量が冷めないうちに、平太郎くんも取り組んだ「目的・目標・期限」の設定に取り組んでみてください。この本の該当の箇所（66ページ）を読み直して、ご自身なりに考えてメモをしてみてください。読者の特典としてワークシートをご用意していますので、巻末をご覧ください（＊特典は予告なく配布を終了する場合があります）。

決めて、やり抜く。そして、ぜひ、あなたの人生をあなたが生きたいように生きる人生にしてください。その挑戦を、僕は心から応援します。挑戦の途中で、つらくなったときは「Ｖｏｉｃｙ」に僕の声を聞きに来てください。僕は毎日あなたに声を届け続けています。

＊　＊　＊

ここからは、個人的な思いを書かせていただきます。

僕、たまっちにとって、初めての単著となるこの本は、実はもっと早く出したいと思っていたものでした。

前著『不動産投資でハッピーリタイアした元サラリーマンたちのリアルな話』を出版したのが2017年。この本をきっかけに僕のことを知ってくださる人が増えて、全国でたくさんのセミナーに登壇しました。また、「Voicy」のパーソナリティーとしての活動も始め、7年経ついまでも続けています。

しかし、出版の翌年に、スルガ銀行の不正融資問題が明るみに出て、サラリーマンが不動産投資をする環境は一気に厳しいものに。2018年より前に書かれた不動産投資本の多くは、現実に合わない内容になってしまいました。前著を踏まえて本を書きたいと思っていた僕にとって、それは大きな逆風でした。

そんななかでも、僕は不動産投資で副収入を得たい、と願う人の相談に乗り続けました。不動産投資のやり方を教える講座の講師を担当したり、自ら主催して勉強会を開催したりして、時代が変わっても、堅実に副収入を得るための不動産投資の魅力を伝え続けました。

一方で、勉強せずに不動産投資に参入したり、よくわからないまますすめられた物件を購入したりすることは厳に慎むように呼びかけることも忘れませんでした。不動産投資は、サラリーマンの資産形成に有効である一方、知識不足によって収支がマイナスになったりしている人も多く発生していたからです。

そんなこんなで前著出版から6年が過ぎた2023年。今回お世話になった清談社《せいだんしゃ》Publicoの岡崎雅史《おかざきまさし》代表と出会うご縁をいただきました。紹介者はノンフィクションライターで「Voicy」パーソナリティーの中村淳彦《なかむらあつひこ》さん。きっかけは、中村さんが「Voicy」で、出版したいパーソナリティーを募集する放送をしてくださったことです。それを仕事をしながら聞いていた僕は、「これはチャンスだ！」と思いました。仕事の手を止め、すぐに企画案を書いてメールで中村さんに送りました。その内容を岡崎代表が気に入ってくださって面談と相成ったのです。中村さんにはご縁をつないでいただき、心から感謝しています。

「不動産投資に興味があるけど知識はない、というサラリーマン向けに、わかりやすい本を書きたい」という僕の願いは、岡崎代表、編集協力の栗林篤《くりばやしあつし》さん、編集担当の貴家蓉子《さすがようこ》さんの手により、本として形になりました。このチームだからこそ、素晴らしい本ができあがりました。ありがとうございました。

また、漫画を担当してくれたあんじゅ先生。難しいことを面白く伝えてくださる天才、あんじゅ先生に漫画をお願いしたい、というのは、僕のたっての希望でした。超売れっ子で多忙にもかかわらず、あんじゅ先生が快く漫画の担当を引き受けてくださったときに、この本は間違いなくいいものになる、と確信できました。たまっちのイラストもほんわかした雰囲気がかわいくて、とても気に入っています。ありがとうございました。

僕の発信活動やセミナー運営などを献身的に応援してくださる不動産投資家のグループ「チームたまっち」のメンバーのみなさんにも感謝をお伝えしたいです。この本の制作にあたって、たくさんのアイディアをいただきました。ありがとうございました。

この本を出すにあたり、たくさんのアドバイスをいただいた、不動産投資本の先輩著者の方々にも、感謝の気持ちをお伝えします。僕が初の単著を出すと報告したときに、たくさんの先輩が喜んで祝福してくださいました。これからもご指導よろしくお願いします。

そして、両親やきょうだいたちへ。僕がどん底に落ち込んだときも、ふだんと変わらず接してくれたこと、とても感謝しています。本を書けるようになれたのは、間違いなくあなたたちの支えのおかげです。自由で自分勝手な息子・兄ですが、これからも変わらずよろしくお願いします。これからもゴルフや旅行など、楽しい時間を過ごしましょう。

それから、かけがえのない息子と娘へ。きみたちのおかげで、僕の人生はとても彩り豊かなものになっています。きみたちと遊んだり、出かけたりする毎日が、僕にたくさんの幸せをもたらしてくれています。生まれてきてくれて、育ってくれてありがとう。

最後に、最愛の妻へ。いつも僕が自由にやりたいことをやりたいようにやらせてもらっているのは、しっかり者で生活を整えるのが上手なあなたのおかげです。一番近くにいて、自分に甘い僕を律してくれてありがとう。あなたに出会えたことは、僕の人生の一番の幸せです。

＊　＊　＊

ここまで読んでくださった読者のあなた。本当にありがとうございます。

この本をきっかけに知り合えたあなたと、どこかで実際にお会いできたらうれしいです。そのときは、ぜひ、この本の感想を聞かせてください。それが僕にとって、この本を書いた何よりの報酬になります。

あなたの人生がさらに幸せなものになることを祈っています。

２０２４年５月吉日　たまっち

免責事項

本書における内容は、個人的な主観をもとに書かれており、すべての人に当てはまるものではありません。商品やサービスのご購入に関する最終的な判断はご自身の責任でお願いいたします。

本書の内容・情報につきまして、可能な限り正確な情報を掲載するよう努めておりますが、必ずしもそれらの正確性や安全性等を保証するものではありません。本書の情報は、2024年3月末現在のものです。万が一、本書を読んだことで発生したトラブルに関しては一切の責任を負いかねます。あらかじめご了承くださいますようお願いいたします。

書籍購入特典

不動産投資をスムーズにスタートできる

6大プレゼント

不動産投資に興味を持ったあなたのために、
本書で伝えきれなかったことを、PDFファイルや動画でお伝えします。
書籍購入者限定の特典なので使わないと損！ 必ず受け取ってくださいね。

1 本書を読んだら すぐ取り組もう！
不動産投資の 目的・目標・期限設定シート（PDFファイル）

2 目標・期限から物件の 買い進め方がわかる！
パターン別！ 目標達成のための 不動産投資ロードマップ例（PDFファイル）

3 駅前〜現地周辺の ポイントがわかる！
たまっち流 現地調査で 見るべきポイント（動画）

4 自己資金を増やして 不動産投資を進めやすく！
たまっち流 お金が貯まる人になるコツ（動画）

5 時間の使い方がわかって 人生を前進させられる！
たまっち流 サラリーマンの ための時間捻出法（動画）

6 不動産投資するなら 即ブックマーク！
たまっちオススメ 不動産投資関連サイト10選（PDFファイル）

① たまっちLINE公式アカウントを友だちに追加する
たまっちLINE公式アカウント https://lin.ee/IJKi1Gu ▶▶
※すでに登録済みの方は、新たな友だちへの追加は不要です。

▼

② 登録完了したら、メッセージで、この本の主人公のフルネームを「漢字5文字」で入力して送信する
ヒント 1文字目は「中」です。
※漢字を間違えたり、ひらがな、カタカナなどで入力したりすると特典は受け取れません。
※入力間違いにより、特典が受け取れなかった場合の責任は負いかねます。

▼

③ 送られてきたURLから、購入特典受け取り専用サイトにアクセスし、特典を受け取る
※このページでご紹介した特典は、たまっちが制作したものです。
お問い合わせは、たまっち公式LINEアカウントのメッセージまでお願いいたします。

LINEアカウント以外での対応は行っておりません。

清談社Publico編集部ではお問い合わせにはお答えいたしかねますので、ご注意ください。

特典の配布は、予告なく終了する場合があります。ご了承ください。

最短《さいたん》5年《ねん》で
家賃《やちん》年収《ねんしゅう》1000万円《まんえん》になる方法《ほうほう》
あなたにもできる不動産投資《ふどうさんとうし》のススメ

2024年5月21日　第1刷発行

著　者　たまっち
イラスト&漫画　若林杏樹《わかばやしあんじゅ》

カバーデザイン　金井久幸(TwoThree)
本文デザイン　川添和香(TwoThree)
本文DTP・図表デザイン　サカヨリトモヒコ
編集協力　栗林 篤
編集担当　貴家蓉子

発行人　岡﨑雅史
発行所　株式会社 清談社Publico
〒102-0073
東京都千代田区九段北1-2-2 グランドメゾン九段803
TEL:03-6265-6185　FAX:03-6265-6186

印刷所　中央精版印刷株式会社

ISBN 978-4-909979-63-6 C0030

清談社
Publico

https://seidansha.com/publico
X @seidansha_p
Facebook https://www.facebook.com/seidansha.publico